WAGNER BRAGA

QUANDO FALA O CORAÇÃO

CARO LEITOR,

Queremos saber sua opinião sobre nossos livros.
Após a leitura, curta-nos no facebook.com/editoragentebr,
siga-nos no Twitter @EditoraGente,
no Instagram @editoragente
e visite-nos no site www.editoragente.com.br.
Cadastre-se e contribua com sugestões, críticas ou elogios.

WAGNER BRAGA

QUANDO FALA O CORAÇÃO

TRANSFORME A SUA VIDA COM AMOR, INTUIÇÃO E GRATIDÃO

Gente
AUTORIDADE

Diretora
Rosely Boschini
Editora
Franciane Batagin Ribeiro
Assistentes Editoriais
Giulia Molina e Rafaella Carrilho
Produção Gráfica
Fábio Esteves
Preparação
Laura Folgueira
Capa, Projeto Gráfico e Diagramação
Vanessa Lima
Revisão
Amanda Oliveira
Impressão
Edições Loyola

Rua Original, 141/143 – Sumarezinho
São Paulo, SP – CEP 05435-050
Telefone: (11) 3670-2500
Site: www.editoragente.com.br
E-mail: gente@editoragente.com.br

Dados Internacionais de Catalogação na Publicação (CIP)
Angélica Ilacqua CRB-8/7057

Braga, Wagner
Quando fala o coração: transforme sua vida com amor, intuição e gratidão / Wagner Braga. – São Paulo: Autoridade, 2021.
192 p.

ISBN 978-65-88523-07-0

1. Desenvolvimento pessoal 2. Crescimento espiritual 3. Amor 4. Gratidão 5. Intuição I. Título

21-1305 CDD 158.1

Índice para catálogo sistemático:
1. Desenvolvimento profissional

Nota da publisher

Com as transformações rápidas que o mundo passa ano após ano, parece que cada vez mais estamos vivendo em meio ao caos, ao desequilíbrio, mergulhados em um universo escuro sem saber que direção seguir. É uma situação agoniante, que nos deixa inseguros e desconectados de nós mesmo, mas sei que, assim como eu, muitos procuram se fortalecer internamente para não se desestabilizarem com o mundo externo.

A boa notícia é que no meio dessa aparente escuridão existe uma luz, ou melhor, três, que nos guiam para uma vida leve, plena e equilibrada, onde os desafios e os obstáculos não abalam o nosso caminhar: o coração, a intuição e a gratidão. Nesse livro que você tem em mãos, caro leitor, Wagner Braga nos guia por uma verdadeira jornada para aguçar nosso sexto sentido, nos livrarmos do sofrimento e da angústia por meio da prática diária da gratidão e, claro, escutarmos o nosso coração e encontrarmos o amor em meio ao caos.

Aqui, utilizando-se de conceitos da Física Quântica e Psicologia, o autor nos ensina, de maneira didática e prática, que viemos ao mundo para evoluirmos espiritualmente e que o nosso destino é de paz e felicidade. Após ler as últimas páginas desse livro, caro leitor, tenho certeza de que saberá que, quando o coração fala, nós precisamos escutar. Vamos juntos nessa jornada?

Rosely Boschini – CEO e publisher da Editora Gente

Gratidão

São tantas as pessoas que merecem o meu agradecimento que não caberiam aqui nesta página. A cada novo projeto, mais pessoas estão envolvidas, e este texto ficaria muito longo e enfadonho. Espero que todos aqueles que, de alguma forma, deram a sua contribuição saibam que estão no meu pensamento e no meu coração. Dito isso, quero começar agradecendo à minha amada companheira, Ana Paula, que, com sua colaboração e empolgação por este trabalho, me faz acreditar no seu sucesso. Gratidão ao grande jornalista, escritor e membro da Academia Norte-Riograndense de Letras Vicente Serejo, que aceitou o convite e me deu a imensa honra de prefaciar esta obra e a meu ver, um espetáculo de prefácio. Jamais esquecerei a sua generosidade! Também agradeço a elas, meu tesouro, a quem sempre submeto os meus projetos e cujas críticas e elogios escuto, minhas filhas, Nathália e Déborah. Não posso esquecer minha amiga e maior entusiasta da minha carreira de escritor, Regina Fontes Foster, que, mesmo morando muito distante, acompanha o meu trabalho. É a ela que submeto os meus textos antes de publicá-los. Enfim, fica aqui a minha eterna gratidão a Rosely Boschini, que me deu a honra e a oportunidade única de ter o meu texto lido e avaliado por uma grande editora. A toda a equipe da Editora Gente, representada pelas competentes profissionais Carol Rocha, Janice Florido e Roberta Bandeira, pacientes e superatenciosas. As três muito contribuíram para a materialização deste projeto.

Sumário

Prefácio

Os geniais Ensaios *de Montaigne são, para mim, um valioso livro de autoajuda. A ele recorro de vez em quando.*

Ivan Maciel de Andrade

O exercício do humano

Todo mundo, de alguma maneira, tenta esconder em algum lugar do corpo ou da alma o que pode ser, na verdade, certo medo do livro de autoajuda. É como se fosse frágil desejar ajudar a si mesmo, embora discretamente, em uma leitura de cabeceira, ali, à sombra da luz fria do abajur que repousa sobre o criado mudo.

Por isso impressiona a coragem serena de Ivan Maciel de Andrade, um intelectual erudito, com formação na área da Filosofia do Direito, quando, num artigo para o jornal *Tribuna do Norte*, de Natal, não só defendeu a existência dos livros de autoajuda, como incluiu entre eles os *Ensaios*, de Michel de Montaigne. E justificou aos seus leitores que recorre a Montaigne todas as vezes que sente "necessidade de ver e compreender melhor certos aspectos da vida".

Este novo livro de Valério Wagner de Queiroz Braga é dividido em três estações – Coração, Intuição e Gratidão. E, por isso mesmo, tenta abrigar nas suas páginas toda a dimensão humana. Minha geração, crescida na curiosidade dos meados dos anos 1960, costumava ler um pequeno ensaio de Luís Carlos Maciel, publicado pelo Instituto Estadual do Livro, de Porto Alegre, em 1959: *Samuel Beckett e a solidão humana.*

Naqueles anos, a solidão humana não era menor que hoje, embora ainda não estivesse cercada de aplicativos e aparelhos, mas talvez fosse mais escondida. A vida chegava meio tingida do vinho tinto do existencialismo de Jean-Paul Sartre, que falava da perda da esperança nos cafés daquela Paris romântica.

O autor deste livro parte de uma constatação ao mesmo tempo óbvia e fundamental: "O ser humano, antes de mais nada, é muito preguiçoso". Preguiçoso no sentido prático de não desejar sair da zona de conforto, do ponto em que está. Como explica o autor, é um erro misturar desenvolvimento pessoal com ascensão profissional.

Seu conceito de evolução aguça o leitor quando grita, como se a frase saltasse da página: "...quando você consegue mudar o outro, o mundo também muda". O homem do terceiro milênio, afinal, precisa voltar a aprender a ouvir.

Aqui está um livro voltado para o homem em sua essência, ocupando o centro do universo.

É o homem que este livro tenta reconstruir em cada leitor. Uma reflexão baseada na reflexão, na consciência. Uma quebra de paradigmas, um choque de gestão de si mesmo, sem medo e sem arrogância, com o determinismo de quem sabe romper limites e projetar a vida além, muito além, do apenas humanamente comum.

O autor nos lembra de que a serenidade é o maior atributo dos corajosos, tendo a intuição como aliada.

Para lastrear suas ideias, Wagner cita Joseph Chilton: "A ideia de que podemos pensar com os nossos corações não é mais apenas uma metáfora, mas é, de fato, um fenômeno muito real". E a seguir: "... está provado que o coração é o principal centro de inteligência em seres humanos".

O objetivo de Wagner é chegar aos olhos dos leitores e, através deles, levar a mensagem de que, ao homem, cabe ter consciência da dádiva divina. Aquela que deu a todos a liberdade interior de buscar o bem como a única forma de evitar o caos que o mundo engendra a cada minuto no relógio frio do tempo.

Não era à toa que o poeta Augusto dos Anjos, morto há mais de cem anos, já avisava à sombra do tamarineiro do engenho Pau D'Arco, na Paraíba de sua infância, no verso de abertura de um soneto transcendental: "Meu coração tem catedrais imensas".

Abram as suas catedrais. Não foi em vão o aviso do poeta Carlos Drummond de Andrade aos leitores de boa vontade, no cenário amargo de um mundo longe de Deus: "Gratidão. Essa palavra-tudo".

Leiam este livro e descubram os caminhos do coração, da intuição e da gratidão.

Vicente Serejo

Introdução

Este livro nasceu de uma inspiração instantânea que tive num belo sábado de sol, quando estava a caminho do Ashram da Paz, da minha amiga Joana, para mais uma sessão de meditação de transmissão. O Ashram da Paz é um sítio bastante arborizado, com lindos jardins, que fica numa zona rural de Natal, no Rio Grande do Norte, onde Joana, que é especialista no assunto, recebe seus convidados para meditar. Ela pratica e ensina diversas modalidades, dentre elas, a meditação de transmissão – uma variedade que só funciona coletivamente, com a participação de, no mínimo, quatro pessoas. Na meditação de transmissão, as pessoas ali conectadas emprestam os seus corpos para fazerem a transmutação, a transformação da frequência da energia captada, que emana do planeta, para a frequência vibracional da energia dos seres humanos. Dessa forma, essa energia pode ser direcionada, com o auxílio de um mentor, para lugares e indivíduos que dela estejam precisando.

No meio do processo, de repente, me veio um insight. Na hora, pensei em **coração**.

— Puxa vida, que ideia maravilhosa! Eu preciso registrar isso para alguém.

Então lembrei da minha amiga Marina, que mora em Dallas, nos Estados Unidos, e de imediato enviei-lhe um áudio: "Amiga, vou escrever um livro novamente! Na minha trajetória de mais de cinquenta e quatro anos, finalmente concluí que devemos pensar, falar, sentir e agir com o coração. Levou tempo para chegar a essa conclusão, mas aqui estamos. Aprendi que essa premissa básica deve sempre ser acompanhada da **intuição**. Assim, podemos tomar decisões e atitudes assertivas e sábias".

Desliguei e fui meditar.

Saí de lá leve e fui para casa. No caminho, mais inspiração para o livro. Fiquei eufórico e acelerei, ansioso para chegar, sentar na frente do computador e começar a escrever todo aquele jorro de pensamentos, ideias e emoções.

Ao chegar em casa, sentei-me em frente ao *notebook* e fui logo escrevendo. Em instantes, já tinha a estrutura do livro pronta. Foi demais. Foi aí que senti, de verdade, que o meu talento é escrever. Este é o meu quarto livro.

Parei para pensar se aquela inspiração tinha a ver com a meditação. Sim, tinha. A meditação é o caminho para o **autoconhecimento**, logo, eu acabara de descobrir a minha verdadeira vocação. Senti-me maravilhosamente bem com isso.

Quando percebi, já havia organizado tudo: desde a introdução até a conclusão. Nunca havia formulado ou montado um quebra-cabeça com tanta facilidade sobre um assunto tão complexo. Talvez a resposta esteja na prática, na experiência e no exercício de escrever diariamente. É claro que isso ajudou, mas sinto que a meditação foi determinante para abrir a mente e fazer a inspiração fluir livremente. Não tenho mais dúvidas que a meditação seja o caminho para o autoconhecimento e este, a base para a *expansão da consciência*, para o pensar de forma ampla e ilimitada, propósito maior da nossa existência. Ainda sou iniciante na prática dessa ferramenta fabulosa, mas já consigo perceber os efeitos altamente positivos no meu comportamento, na minha saúde e na minha mente.

O fato é que a minha intenção ao escrever este livro é aprofundar o debate, a discussão e o estudo sobre o coração, a intuição e a gratidão que, para mim, são os três pilares que devem nortear a nossa vida, com harmonia, em todos os momentos, principalmente nas horas mais difíceis e decisivas. Portanto, se cuidarmos bem da nossa saúde mental e física, teremos um coração saudável, forte, vigoroso, apto a comandar essa tríade com longevidade e saúde plena.

O coração, que é sinônimo de vida, órgão vital mais importante do nosso corpo, que desde sempre também representa a essência da vida humana. Coração é puro sentimento. É com ele que sentimos, ainda, piedade, compaixão, ternura, carinho, medo e todos os tipos de emoções que um ser humano pode sentir. É ele que dispara a mil os batimentos cardíacos quando sentimos essas emoções. Mas ele não é apenas sentimento, é, também, pensamento. Sim, o coração também pensa. É isso que quero mostrar nas páginas deste livro.

A intuição é tida como o sexto sentido. Historicamente bem mais aguçada nas mulheres, está em todos nós. Pelo fato de, ao longo da história da humanidade, o homem ter assumido a função de provedor da família e assim ter se dedicado muito ao trabalho, sobrou pouco tempo para refletir, pensar, meditar e se interiorizar. É nesse momento, o da interiorização, que ficamos mais sensíveis ao que normalmente não percebemos. Esse tempo ficou reservado, durante muitas fases da vida da humanidade, para a mulher, que, dedicada ao lar e à educação dos filhos, podia, durante alguns momentos do dia, parar para ter esse contato consigo mesma, com a sua alma, com o seu interior. Dessa forma, a mulher desenvolveu essa habilidade sensorial. Sorte dos maridos que ouvem as suas esposas. Os meus pais foram um exemplo disso. Não que o meu pai tenha sempre ouvido a minha mãe. Mas, todas as vezes que ela seguiu a sua intuição para tomar determinadas decisões por conta própria, as coisas deram certo. E ele reconheceu o mérito dela.

Nunca fui muito de ouvir a minha ex-esposa, principalmente na hora de tomar decisões. Por causa disso, penamos muito no que tange aos investimentos e às finanças. Foi preciso a separação para que eu percebesse e valorizasse essa habilidade feminina. Então, sozinho, tive de me virar e aprender, lendo, estudando e interagindo com as pessoas; a usar essa ferramenta sensacional. Ainda estou aprendendo, mas já sei o suficiente para entender se tratar de um recurso indispensável. A intuição é minha aliada.

A gratidão, assim como o perdão, não é um sentimento fácil de identificar. Não é comum alguém sentir vontade de perdoar quem lhe tenha ofendido. Não é algo que brote fácil do coração. Da mesma forma, não é comum nem normal agradecermos todos os dias pelo simples fato de estarmos vivos. É praticamente tão certo que vamos dormir e acordar no

Coração é puro sentimento. É com ele que sentimos, ainda, piedade, compaixão, ternura, carinho, medo e todos os tipos de emoções que um ser humano pode sentir.

dia seguinte que poucas pessoas se lembram de agradecer por isso. Tudo é uma questão de conscientização. Acredito que temos que seguir esses passos, estar atentos ao coração, à intuição e à gratidão, para alcançar a plenitude. É como o diabético que tem consciência de que não pode comer açúcar se quiser continuar vivendo com qualidade. Consciência. Uma questão de consciência.

A gratidão e o perdão devem ser, para nós, exercícios diários. Não é fácil, mas precisamos ter essas noções em mente por uma questão de sobrevivência. Para sobreviver não neste plano terrestre, mas no chamado plano astral, aquele onde a nossa alma caminha na jornada celestial, onde o desenvolvimento espiritual é fundamental para se alcançar a nossa melhor versão e a vida plena.

Capítulo 1

“A zona de conforto leva pessoas inteligentes a seguirem conceitos errados.”

Maycon Tienga

Zona de conforto

O ser humano, desde sempre, é muito, mas muito preguiçoso. É da própria natureza humana o comodismo. Aliás, é da natureza animal de uma forma geral. No reino animal, o que prevalece é a lei do menor esforço, já que o que impera é a luta pela sobrevivência. Os animais não desperdiçam energia, pois não sabem quando será a próxima refeição. Como sabemos, na selva não existe abundância de alimentos. Às vezes, dependendo da estação, os animais passam dias e até semanas sem se alimentar. O leão fica até sete dias sem comer em busca de uma presa para matar a fome. Algumas espécies ficam meses, como é o caso do crocodilo e do urso polar. Esses animais têm um metabolismo que os capacita a um longo período de abstinência. Entretanto, eles se limitam ao menor gasto de energia para não ficar debilitados antes de encontrar a próxima presa. Por isso, passam boa parte do dia descansando ou dormindo. O homem na pré-história agia da mesma forma. Assim como o urso que come bastante para acumular gordura suficiente que lhe possibilite atravessar todo o inverno sem se alimentar, o homem das cavernas também fazia o mesmo. Diz-se que, naquela época, era escolhido como líder de uma comunidade aquele que tivesse a maior barriga ou circunferência abdominal. O significado disso é que quem acumulasse mais gordura teria mais chance de atravessar o rigoroso inverno sem precisar se alimentar na escassez de alimentos. Isso acontecia porque o homem não se diferenciava muito intelectualmente dos outros animais. Com o tempo e a evolução da humanidade, esses conceitos foram mudando.

O padrão de hoje é bem diferente. O homem evoluiu intelectualmente e percebeu que aquele hábito não era saudável. Uma vida longeva passou a depender de novas referências. Hoje, a primeira advertência que a medicina nos dá com relação aos riscos de infarto prematuro é justamente observar a circunferência abdominal.[1] Quanto maior a circunferência abdominal maior o risco de um infarto do miocárdio e, consequentemente, de óbito.

O homem também aprendeu a plantar vegetais, desenvolveu a agricultura e a pecuária, o que lhe proporcionava uma alimentação regular e certa. Por isso, não havia mais a necessidade de acumular gordura corporal. Mas a preguiça continuava a lhe acompanhar. O homem trabalhava muito no campo e ficava muito cansado. Assim, começou a pensar em alternativas que lhe proporcionassem menos esforço físico. Em *Sapiens: uma breve história da humanidade*,[2] o doutor em História pela Universidade de

---

1 VARELLA, M. Gordura abdominal aumenta risco de morte súbita. **Drauzio Varella** [s. d.]. Disponível em: https://drauziovarella.uol.com.br/obesidade/gordura-abdominal-aumenta-risco-de-morte-subita/. Acesso em: 20 jan. 2021.

2 HARARI, Y. N. **Sapiens**: uma breve história da humanidade. São Paulo: Companhia das Letras, 2020.

Oxford, na Inglaterra, Yuval Noah Harari conta que a revolução agrícola não foi planejada. As coisas simplesmente foram acontecendo em função das demandas. Foi a busca da humanidade por uma vida mais fácil e leve que desencadeou as mudanças que transformaram o mundo. A necessidade de alimentar forçou os caçadores-coletores, que eram nômades, a tomar a decisão de se fixar num determinado local. Isso ocorreu depois que o homem descobriu o fogo. Esse elemento também proporcionou mais segurança contra as feras e, ao mesmo tempo, ajudou a desmatar áreas para plantar e colher os alimentos necessários à sua sobrevivência.

Nessa linha, para se livrar, mais uma vez, do trabalho cansativo, o homem inventou a roda. Criou o arado e colocou o cavalo para trabalhar em seu lugar. Mas, ainda assim, ele tinha que guiar o arado no chão para abrir os sulcos e caminhar atrás do animal. Portanto, criou o trator para substituir o cavalo e passou a trabalhar confortavelmente sentado sobre o veículo. Como o sol era muito quente, logo surgiu o trator com cabine climatizada. Ao chegar em casa, depois do jantar com a família, na hora de assistir à televisão na sala, juntos, ninguém queria levantar o tempo todo para mudar o canal ou regular o volume. Veio o controle remoto. Não paramos mais: chegaram os telões de cinquenta polegadas no quarto, o frigobar ao lado da cama. Que maravilha, não?

Ao mesmo tempo, o homem desenvolveu hábitos alimentares pouco saudáveis, como consumir refrigerante, comida processada repleta de conservantes químicos, cereais transgênicos, hortifrutigranjeiros carregados de agrotóxicos e assim por diante.

Dentro de poucos anos, acredito, o homem se deslocará no trânsito num carro sem piloto, um veículo autônomo.

No meio empresarial, vejo muitos empreendedores acomodados, presos às suas zonas de conforto. Em qualquer área, nem todos trabalham de verdade – são poucos os que estão desenvolvendo ideias, criando novos projetos e soluções. É o caso de Bill Gates, da Microsoft, de Steve Jobs, da Apple, Larry Page e Sergey Brin, do Google, e Elon Musk, da Tesla. Em contrapartida, existem muitas empresas e empreendedores que só copiam e colam. Estes nunca vão se destacar, viverão eternamente na mesmice. É por isso que a humanidade caminha a *passos de formiga e sem vontade*, como diria o grande Lulu Santos na canção "Assim caminha a humanidade".

Digo tudo isso para explicar que essa preguiça é comandada pelo nosso ego, o conceito que alguém tem sobre si mesmo.[3] Nosso ego não quer ser incomodado, nem gastar energia. E isso vai além da preguiça do corpo, a física, abrangendo todos os aspectos da nossa vida.

Nos relacionamentos amorosos, por exemplo, isso acontece com bastante frequência. Pela minha experiência, tendo vivido dois relacionamentos duradouros, tenho a impressão de que as aparências enganam e que nem todos os casais juntos há trinta anos, por exemplo, são, de fato, felizes.

Muitas pessoas, por natureza, costumam se acomodar com tudo. No fim estão apenas respirando, comendo, dormindo e achando boa a vida

---

[3] EGO. *In*: DICIO, Dicionário Online de Português. Porto: 7Graus, 2020. Disponível em: https://www.dicio.com.br/ego/. Acesso em: 8 mar. 2021.

O ser humano,
desde sempre,
é muito, mas muito
preguiçoso.
É da própria
natureza humana
o comodismo.

que levam. Muitos só alcançam a longevidade nas relações porque há filhos envolvidos. Conheço vários casais que não fazem mais sexo nem dormem no mesmo quarto, por exemplo. Muitos homens e mulheres engordam depois de casar, o que também tem ligação com estar na zona de conforto.[4]

Tenho exemplos concretos para contar sobre isso. Conheço um casal que vive sob o mesmo teto há mais de trinta anos, é pai de três filhos, dois rapazes e uma garota, sendo dois deles já casados, com filhos. Ambos mantêm as aparências, quem os vê de fora tem certeza de que são muito felizes, mas, na intimidade, são apenas bons amigos. Cada um tem a sua vida privada, independente, apenas se cumprimentam dentro de casa.

Conheço mais alguns que ainda se amam, até fazem sexo de vez em quando, mas, no dia a dia, mal se falam ou trocam carícias. Não estou dizendo que o sexo é a coisa mais importante num casamento, isso é muito pessoal, claro, cada um sabe da sua felicidade, mas, na minha avaliação, ele é como um termômetro: quando falha muito ou não existe é sinal de que ou a relação já está muito desgastada, ou a zona de conforto tomou conta do pedaço.

Não é fácil não entrar na zona de conforto. Eu sei disso. Mas precisamos, acima de tudo, ter disciplina em todos os hábitos para não cair nessa armadilha. Por isso a importância de desenvolvermos o nosso lado espiritual. A

---

[4] CASAIS felizes têm mais chance de engordar após o casamento. **Portal Terra**. Disponível em: https://www.terra.com.br/vida-e-estilo/sexo/casais-felizes-tem-mais-chances-de-engordar-apos-o-casamento,6e9709a4e609c310VgnVCM5000009ccceb0aRCRD.html. Acesso em: 20 jan. 2021.

importância de entrarmos em contato com o nosso *self*,[5] a junção do que compõe a identidade de alguém, o indivíduo, tal como ele se revela e se conhece, o nosso eu interior.

Venho dizendo nas minhas publicações do *Blog do saber*[6] que este é um caminho sem volta. Há quem considere o autoconhecimento tortuoso, ruim. Mas é exatamente o contrário. Ele vai nos levar a um estado de espírito nunca imaginado antes, onde não haverá dor, cansaço, tristeza, sofrimento nem doença. Mas, para chegarmos lá, as palavras-chave são: crença e disciplina. Crença no nosso próprio poder, que é ilimitado e se encontra no nosso interior.

Nessa linha, apresento aqui os conceitos de eu superior e eu cósmico. No entender do renomado filósofo e teólogo brasileiro Huberto Rohden, "o estado definitivo do Eu é essencialmente cósmico, vastamente universal, porque é uma cosmo-consciência da infinita Realidade, um largo Panorama do Ser total – que, em última análise, és tu, ó Suprema Realidade".[7]

Este, sim, tem condições de nos conduzir para um plano onde não precisaremos mais estar presos à matéria, ao nosso ego.

Em seu livro *Deus*, ele afirma, ainda:

> *Homem, se não quiseres ser para ti e para os outros eterna esfinge e ominoso pesadelo, procura, antes de tudo, descobrir*

---

[5] SELF. *In*: DICIO, Dicionário Online de Português. Porto: 7Graus, 2020. Disponível em: https://www.dicio.com.br/self/. Acesso em 8 mar. 2021.

[6] Blog do autor: www.blogdosaber.com.br.

[7] ROHDEN, H. **Deus**. São Paulo: Martin Claret, 2003.

o teu verdadeiro e autêntico Eu central, através dessas espessas camadas do pseudo eu periférico. (...) Por via de regra, anda o homem nas camadas periféricas do seu ego, mais ou menos distante do Eu central. Poucos são os que conseguem penetrar até esse misterioso centro, porque árdua luta e intensa introspecção espiritual exige a ruptura dessas espessas camadas do nosso ser. Sensações físicas, afeições psíquicas e pensamentos intelectuais, habituados à tépida superfície diurna do nosso ego periférico, recusam-se a submergir na silenciosa profundidade noturna do Eu central; parece-lhes uma noite polar, uma zona gelada e mortífera, e por isso fogem sempre em sentido contrário, rumo à superfície.

Sobre a disciplina

Neste ponto, destaco ainda a importância da disciplina, um conceito que muita gente confunde com sofrimento. As pessoas costumam achar que ser disciplinado é abrir mão de tudo. É ficar mal por não ir a uma festa para dormir cedo e treinar na manhã seguinte, deixar de sair para beber com os amigos para acordar sóbrio e meditar, deixar de comer a melhor sobremesa da noite a fim de não perder a forma para uma competição ou não viajar com a família ou os amigos com o intuito de poupar dinheiro para a aposentadoria. A questão é: quando aparentemente nos sacrificamos, deixando de fazer

Não é fácil não entrar na zona de conforto. Eu sei disso. Mas precisamos, acima de tudo, ter disciplina em todos os hábitos para não cair nessa armadilha.

algo prazeroso para nos pouparmos pensando na nossa saúde, bem-estar, longevidade, evolução e crescimento espiritual, na verdade, chegamos a um estágio evolutivo que não considera nem sente tais privações como sacrifício, mas como compensação. Sabemos tratar-se de uma compensação para obter, mais adiante, a liberdade total, plena.

Portanto, no meu entendimento, a grande vilã, em última análise, do nosso processo de crescimento espiritual e da nossa jornada evolutiva é a tal zona de conforto, influenciada pelo nosso ego preguiçoso. As consequências disso, muitas vezes, envolvem um prejuízo grande.

O nosso propósito maior na nossa jornada evolutiva é a expansão da consciência, o conhecimento. Com essa autossabotagem do nosso ego, muitas vezes, pegamos atalhos tortuosos, como a preguiça, a permanência na zona de conforto, a alimentação danosa à saúde, o que, em muitos casos, abrevia a nossa caminhada desnecessariamente, impedindo que completemos o nosso ciclo existencial.

Isso também ocorre quando nos esquivamos de estudar, ganhar conhecimento por meio da leitura, julgando que já sabemos coisas demais ou até mesmo porque tememos descobrir algo que possa nos assustar, encher de dúvidas a nossa mente. Quando impomos limites ao nosso aprendizado, estamos resistindo a sair da zona de conforto, retardando o nosso processo evolutivo. Se não tomarmos consciência disso o quanto antes, teremos problemas e muita perda de tempo nessa nossa fantástica jornada.

Capítulo 2

"Seja a mudança que você quer ver no mundo."

Gandhi

Desenvolvimento pessoal

O desenvolvimento pessoal envolve diversos aspectos: saúde, espiritualidade, sociabilidade, o nosso emocional, intelecto, vida amorosa, profissional e financeira.

Quando cumprimentamos alguém pelo seu aniversário, o que mais desejamos é "saúde". Sem ela, não somos nada, não realizamos os nossos sonhos. Infelizmente o ser humano, ainda muito apegado ao seu ego, é refém da famigerada zona de conforto. Por causa disso, prefere ficar totalmente dependente de remédios, delegando toda a responsabilidade pelo próprio bem-estar aos médicos. Por essa negligência, muitos amigos meus passaram a viver, depois dos sessenta, com uma sacola de remédios a tiracolo.

Não à toa, a venda de remédios no Brasil aumentou 42% no período de 2013 a 2017.[8] Com isso, o mercado farmacêutico faturou 49 bilhões de reais em 2016.

---

[8] ARRUDA, M. **Desbloqueie o poder da sua mente:** programe o seu subconsciente para se libertar das dores e inseguranças e transforme sua vida. São Paulo: Gente, 2018.

Quando ainda estava iniciando o meu aprendizado sobre a autocura, comecei a sentir a comida descer pelo meu esôfago como se estivesse rasgando. Até então, eu convivia com uma espécie de azia crônica, mas facilmente controlável. Bastava dissolver uma pastilha de carbonato de magnésio, mais conhecida por magnésia bisurada, na boca e estava resolvido o problema. Depois, tudo voltava e era preciso repetir o processo. Como era algo que me incomodava esporadicamente, eu ficava na minha zona de conforto e ia levando. Quando o problema aumentou, a luz amarela acendeu e resolvi consultar um gastroenterologista. Pedi ajuda a uma amiga, que é cirurgiã vascular. Ela me indicou três especialistas com excelentes referências.

Liguei para o primeiro nome da lista, uma médica. A sua secretária me atendeu:

— Bom dia, eu quero marcar uma consulta com a doutora.

— O senhor já é paciente?

— Não, não sou.

— O senhor me desculpe, mas a doutora não está mais atendendo novos pacientes.

Fui em frente e consultei o segundo indicado. A conversa foi exatamente a mesma. Fiquei impressionado: não sabia que havia tantos médicos nessa condição, cheios de pacientes a ponto de recusar novos atendimentos. Segui em frente e consultei o terceiro indicado. Dessa vez, consegui marcar a consulta, mas para o mês seguinte. A consulta não durou cinco minutos! Fiquei estarrecido com a velocidade do atendimento. A receita médica já

Quando cumprimentamos alguém pelo seu aniversário, o que mais desejamos é "saúde". Sem ela, não somos nada, não realizamos os nossos sonhos.

estava preenchida. Ele só fez assinar o papel. Fui orientado a tomar um remédio dos mais comuns para indigestão durante dois meses e depois voltar lá. Confiei naquele profissional e segui todas as instruções. O resultado foi um alívio quase imediato do sintoma que eu estava sentindo. Fiquei feliz. Em contrapartida, comecei a ter disenterias. Foi quando resolvi ler a bula. E adivinha qual era a primeira descrição na lista dos efeitos colaterais? Isso mesmo, diarreia!

Voltei lá e relatei o problema. Ele olhou para a mim e disse:

— Ah, esqueci de avisá-lo de que poderia acontecer isso. Mas não tem problema: vou prescrever outro medicamento que não vai causar esse incômodo.

Mais uma vez, a consulta foi muito rápida e fui embora com a prescrição médica na mão. Aquilo tudo me deixou com a sensação de que muitos médicos não dão a devida atenção aos seus pacientes. Joguei aquela receita na primeira lata de lixo que encontrei. Saí daquele consultório decidido a resolver o meu problema de outras formas. Fui pesquisar e estudar. Primeiro, busquei entender o que é o aparelho digestivo, como funcionam o estômago e o intestino.

No fim das contas, descobri uma receita caseira, com limão, que funcionou muito bem para mim. Em uma semana, já estava totalmente curado. Nunca mais precisei tomar remédio algum para essa finalidade.

Vejo muita gente vivendo como eu já vivi um dia, dependendo de medicamentos e sem qualquer consciência a respeito da própria saúde, do próprio corpo. Em 1990, aproximadamente um quinto dos anos de vida de um indivíduo não eram plenamente saudáveis.[9] Em 2013, esse número subiu para cerca de um terço. Nesse mesmo período, a incidência de diabetes sofreu um aumento de 43% enquanto as taxas de mortalidade pelo problema subiram 9%. Os números são de pesquisa publicada na revista *The Lancet*. Resumindo, a expectativa de vida aumentou, mas isso não quer dizer que tenhamos mais saúde e bem-estar.

E tem mais: o mesmo levantamento apontou que, em 2013, a lombalgia[10] e a depressão estavam entre os dez maiores contribuintes para a incapacidade em todos os países. Em todo o mundo, o número de pessoas doentes aumenta muito com o passar da idade. O número de indivíduos que vivem com mais de dez doenças diagnosticadas cresceu 36% entre 1990 e 2013.

Os principais motores da alta no número de anos vividos com incapacidade foram transtornos de abuso musculoesquelético, de substâncias e transtornos mentais, distúrbios neurológicos e doenças respiratórias crônicas. Houve ainda um aumento na perda da saúde por conta da maior incidência de diabetes, doença de Alzheimer e dor de cabeça.

Ficou perplexo? Eu fiquei estarrecido quando li os resultados dessa pesquisa.

---

[9] MOKDAD, A. H. *et al.* Health in Times of Uncertainty in the Eastern Mediterranean Region, 1990–2013: A Systematic Analysis for the Global Burden of Disease Study 2013. **The Lancet**, v. 4, n. 10, p. E704-E713, 1 out. 2016. Disponível em: https://www.thelancet.com/journals/langlo/article/PIIS2214-109X(16)30168-1/fulltext. Acesso em: 8 mar. 2021.

[10] SOCIEDADE Brasileira de Reumatologia. **O que é lombalgia?** São Paulo, 2019. Disponível em: https://www.reumatologia.org.br/doencas-reumaticas/lombalgia/. Acesso em: 9 mar. 2021.

Depois de saber disso tudo, de ter a dimensão do quanto ficamos mais e mais doentes a cada dia, é impossível fazer vista grossa, ignorar a importância do autocuidado. A boa notícia é que, a partir desse conhecimento, depois de refletir sobre tudo isso, somos capazes de mudar de rumo.

Evolução espiritual

Para alcançar o desenvolvimento pessoal, é preciso crescer espiritualmente. E isso não significa ser religioso, como tanta gente pensa. Não é uma questão de frequentar igrejas, templos. Religiosidade é algo bem diferente de espiritualidade. Ser religioso é ir à missa todas as semanas e rezar o terço, numa referência à igreja católica. Na minha avaliação e de acordo com os conhecimentos que quero apresentar a você neste livro, não adianta seguir à risca os dogmas de uma religião e não entender que o perdão e a gratidão são essenciais para a nossa evolução espiritual. Estamos cansados de ver pessoas que vivem rezando e até pregando em nome de Deus, mas sem a capacidade de perdoar o próximo ou agradecer pelo simples fato de estar vivo e com saúde. Muitas vezes, vivem uma vida inteira sem dar um passo na direção do nosso propósito e objetivo maior, que é a *expansão da consciência*. Espiritualidade tem a ver com sensibilidade, humanidade, compaixão, amor, relacionamento, inteligência emocional, doação.

Segundo Waldemar Magaldi Filho, psicólogo, especialista em psicologia junguiana, psicossomática e homeopatia, mestre e doutor em ciências da religião: "apesar da existência de uma infinidade de religiões, a espiritualidade é apenas uma, a mesma para todo mundo.[11] As religiões, via de regra, são constituídas por um conjunto de práticas ritualísticas, fundamentadas em mitos dogmáticos, para os adeptos que não questionam a vida, enquanto a espiritualidade é para quem está desperto em busca de sentido e significado existencial, advindos das experiências e reflexões da relação entre o mundo interior e o mundo exterior. Elas dominam e reprimem a criatividade infringindo medo, vergonha, culpa e castigo da danação apontando para perda do paraíso enquanto a espiritualidade possibilita a paz Interior, ou seja, confiança e fé no *self* – que é representado pela imagem de Deus – instância arquetípica que habita o íntimo de todos os seres humanos. As religiões causam divisões, disputas e conflitos em busca do poder exterior, enquanto a espiritualidade possibilita a união de todos, pois somos um no Uno divino. Por isso, as religiões seguem os preceitos dos seus livros sagrados e a espiritualidade busca o sagrado em tudo e em todos, independente da aparência, origem, credo, raça, condição social, econômica ou cultural.

Portanto, alguém pode ser altamente espiritualizado(a) e não acreditar em Deus. Existem muitos indivíduos que se declaram ateus e são pessoas

---

[11] FILHO, W. M. Religiosidade e Espiritualidade Junguiana. **Instituto Junguiano de Ensino e Pesquisa** [s.d.]. Disponível em: https://www.ijep.com.br/artigos/show/religiosidade-e-espiritualidade-na-obra-junguiana. Acesso em: 9 mar. 2021.

maravilhosas, sensíveis, solícitas, abnegadas e altruístas. Tenho amigos com esse perfil.

Não vamos confundir desenvolvimento pessoal com sucesso profissional. O desenvolvimento profissional tem a ver com o acúmulo de conhecimento técnico inerente à sua profissão ou ao seu trabalho. São conteúdos adquiridos com o objetivo de nos capacitar tecnicamente a conquistar cargos hierárquicos ou desenvolver as devidas competências para executar tarefas mais complexas. Já o desenvolvimento pessoal diz respeito ao crescimento interior. Tem a ver com amadurecimento da alma.

O desenvolvimento pessoal é essencial na vida. Segundo a física quântica,[12] tudo está ligado. Cada um de nós é uma parte, com uma função vital dentro desse organismo cósmico. Partindo desse princípio, o que afeta a um afeta a todos. Se a humanidade tivesse essa consciência, já estaríamos em um nível evolutivo bem mais adiantado. Infelizmente, apesar de as coisas serem ditas e repetidas várias vezes ao longo dos séculos, a maioria das pessoas não consegue assimilar. Então, as informações mais importantes não são realmente ouvidas, pois entram por um ouvido e saem pelo outro. Dessa forma, muitas vezes, as melhores oportunidades são desperdiçadas. O cavalo passa selado e a pessoa não monta. O primeiro passo para o desenvolvimento pessoal é estar aberto para o autoconhecimento. Acontece que a maioria das pessoas tem receio, medo de se autoconhecer. Porque para isso precisamos mexer

---

[12] VAIANO, B. Física quântica: entenda de uma vez (ou não). **Superinteressante** [s.d.]. Disponível em: https://super.abril.com.br/especiais/fisica-quantica-entenda-de-uma-vez-ou-nao/. Acesso em: 10 mar. 2021.

O desenvolvimento pessoal é essencial na vida. Segundo a física quântica, tudo está ligado. Cada um de nós é uma parte, com uma função vital dentro desse organismo cósmico.

com o nosso inconsciente. O lugar onde estão guardados a sete chaves todos os nossos segredos, traumas, medos, emoções obscuras e todo o nosso passado. Não é fácil acessar esse lugar misterioso e obscuro, até porque entre o nosso consciente e o inconsciente existe o subconsciente, que muitas vezes dificulta ou impede esse acesso.

Nem todos estão dispostos a enfrentar essa realidade, principalmente porque, de alguma forma, isso dá trabalho. Requer estudo, leitura, curiosidade, busca e, como já vimos no capítulo anterior, que trata da zona de conforto, o ser humano é naturalmente acomodado. E isso tem sido o maior obstáculo e atraso nessa jornada evolutiva da humanidade.

Muitas pessoas aceitam verdades absolutas, fecham os olhos ao novo. É a tal da mania de viver na zona de conforto. Seria interessante que o Estado introduzisse no currículo escolar uma disciplina que trate diretamente da expansão da consciência e do desenvolvimento da espiritualidade. Seria uma oportunidade de as crianças debaterem sobre realidades diferentes das suas, por exemplo. Ainda sobre vermos além das nossas realidades, vivendo com mais consciência, Amit Goswami, em seu livro *Consciência quântica*,[13] explica como podemos nos transformar, de acordo com os princípios da física quântica, e ainda ajudar a sociedade a fazer o mesmo. Esse é o movimento chamado ativismo quântico. Ele nos convida a pensar que a nossa consciência não está presa a um lugar. A não localidade é, digamos assim, a chave para o entendimento desses

[13] GOSWAMI, A. **Consciência quântica**: uma nova visão sobre o amor, a morte e o sentido da vida São Paulo: Goya, 2018.

conceitos. Estamos todos interligados. E, se estamos todos conectados, como diz o autor, não somos apenas espírito, tampouco puramente matéria: somos todos consciência quântica.

Sobre a não localidade, o autor nos explica o seguinte em seu livro:

> *Não localidade significa comunicação sem sinalização. Em outras palavras, significa minha habilidade de me comunicar com você como se fôssemos apenas um. Eu não preciso de sinais para me comunicar comigo mesmo. A física quântica diz que você pode fazer isso com todas as pessoas através da meditação intencional e dos sentimentos emanados do coração, pois somos potencialmente "não localizados" em relação uns aos outros, mas precisamos ativar essa "não localidade" em nós mesmos. No entanto, eu não posso alcançar isso se mantiver o pensamento racional porque o pensamento lógico exclui a "não localidade".*

No fim das contas, passamos por muito sofrimento, por muitas experiências negativas até entrarmos novamente na rota da visão de mundo quântica. Ocorre que o sofrimento acaba servindo de catalizador para o despertar da consciência e da bondade.

Abro aqui um parêntese para falar um pouco sobre consciência quântica, tema que adoro. Quando deixamos o mal entrar em nossa vida, ele normalmente nos proporciona uma transição muito difícil e que nos deixa confusos, como se estivéssemos andando em círculos. É muito difícil, quando alguém está dentro do olho do furação, perceber que vai na direção errada. Mas, apesar de tudo, não existe nada na vida totalmente sem sentido. E podemos aprender com as experiências negativas, usando-as como trampolim para dar o nosso salto quântico.

Portanto, é possível concluir que o desenvolvimento pessoal, na essência da palavra, é aquele que reúne não apenas os atributos necessários para o crescimento profissional, mas também para o espiritual. É o responsável por nos ajudar, por nos afastar da força do ego, do materialismo científico, fazendo prevalecer o nosso já conhecido eu superior, o eu cósmico.

Capítulo 3

"Temos duas mentes: uma que pensa e outra que sente."

Daniel Goleman

Inteligência emocional e o *coach*

Muito se fala sobre a profissão de *coach*. O termo, que vem do inglês e significa treinador,[14] passou a ser muito conhecido nos últimos anos. Modismos à parte, considero importante fazer um breve esclarecimento aqui sobre o que exatamente faz um *coach*, como surgiu a atividade, qual o seu objetivo e como esse trabalho pode nos ajudar a ser melhores.

Esse trabalho está corretamente fundamentado nos princípios e teorias do livro *Inteligência emocional*,[15] de Daniel Goleman, sucesso de vendas na década de 1990. Para mim, o processo de aprendizado por meio do *coaching* (que é a atividade do *coach*) tem tudo a ver com a expansão da consciência. São técnicas e ferramentas empregadas no mundo todo com o objetivo de desenvolver pessoas, gestores e líderes de alta performance, bem como facilitar a realização de metas e objetivos profissionais e pessoais.

---

14 COACH. *In*: DICIO, Dicionário Online de Português. Porto: 7Graus, 2020. Disponível em: https://www.dicio.com.br/coach/. Acesso em: 10 mar. 2021.

15 GOLEMAN, D. **Inteligência emocional**: a teoria revolucionária que redefine o que é ser inteligente. Rio de Janeiro: Objetiva, 1995.

Geralmente, depois que essas pessoas passam por um desses programas de capacitação, estão habilitadas ou certificadas como *coaches*.

Os benefícios desses treinamentos são:

* Alcance de objetivos e metas com mais eficácia;
* Autoconhecimento para o autodesenvolvimento;
* Capacitação para desenvolver liderados e demais interessados com o uso do *coaching*;
* Desenvolvimento de competências de gestor e líder;
* Melhor clareza na definição de objetivos e metas;
* Melhora na qualidade de vida e desempenho profissional.

Entretanto, como é possível observar, esses benefícios ficam na esfera das competências de gestor e líder, na qualidade de vida, na produtividade etc. No que diz respeito ao autoconhecimento, sinto que falta profundidade. O que estou querendo dizer com isso? Bem, desenvolvimento pessoal sem desenvolvimento espiritual, na minha avaliação, não nos leva muito longe. Distantes da espiritualidade, ficamos presos às nossas crenças limitantes, aquelas que nos impedem de alcançar a nossa melhor versão. Segundo Jung, o nosso *self* pode ser definido como a nossa essência ou aquilo que existe de mais singular e peculiar na nossa personalidade. Ele usa a expressão *arquétipo self*, que é o princípio organizador da personalidade, sendo assim o principal arquétipo do inconsciente coletivo. Falando em personalidade, seja ela qual for a sua, o objetivo é chegar à autorrealização, ao reconhecimento do próprio *self*. A busca pelo autoconhecimento é, na minha visão, o único caminho para alcançar tal realização. Trata-se do maior desafio que o homem pode encontrar durante toda a sua existência. Uma tarefa árdua, que exige conscientização, determinação, disciplina constante e muita sabedoria aliada à intensa responsabilidade. Portanto, na minha opinião, o homem só terá condições de viver em harmonia com a própria natureza e/ou o *self*, a partir do momento em que tornar consciente aquilo que é inconsciente. Ou, como escreveu Jung: "O *self* é a meta da nossa existência, por ser ele a mais completa expressão da combinação a que estamos fadados e que denominamos individualidade".[16]

Voltando um pouquinho para o conceito de inteligência emocional, gostaria de esclarecer aqui uma questão muito importante. A inteligência do ser humano tem várias ramificações. Temos, por exemplo, a inteligência cognitiva, aquela que é medida pelo QI. Alguém pode ter um QI muito alto e ser totalmente ignorante em relação às emoções ou vice-versa. Conheço pessoas que nunca foram alunos brilhantes na escola, entretanto são altamente inteligentes emocionalmente.

Um exemplo é o empresário e palestrante Geraldo Rufino,[17] que, apesar de ter tido uma infância muito pobre e ter vindo do nada, tornou-se um dos maiores palestrantes do Brasil e empreendedor de grande sucesso. A explicação disso não está apenas na sorte e na capacidade de trabalho. Ele deve ser uma pessoa muito espiritualizada e emocionalmente inteligente. Uma

---

16 JUNG, C. G. **A natureza da psique**. Petrópolis: Vozes, 2009.

17 GERALDO Rufino: o ex-catador de latinhas que criou uma das maiores empresas de reciclagem de caminhões. **InfoMoney**, 2000-2021. Disponível em https://www.infomoney.com.br/perfil/geraldo-rufino/. Acesso em: 2 fev. 2021.

premissa básica da inteligência emocional é saber ouvir, já que temos dois ouvidos e uma boca. Lembrando apenas que ouvir não é o mesmo que escutar. Quando a gente ouve, a informação é compilada, processada e interpretada. Agindo dessa forma a pessoa tem mais chances de entender a mensagem que está sendo passada pelo seu interlocutor. Quando apenas escutamos, a informação entra por um ouvido e sai pelo outro. Nada fica. Entretanto, não nos iludamos quando estivermos diante de um interlocutor que só ouve, pois ele pode se comportar muito bem, apenas escutando com paciência a sua colocação. Normalmente, quando isso ocorre, se for um casal, a relação pode até durar, pois não há conflito aparente. A conversa sempre acaba em paz, já que o interlocutor nunca discute, provoca ou questiona. E no fim, ao invés de um diálogo, teremos sempre um monólogo.

Com o coração aberto diante do outro, aumentam as chances de termos empatia.[18] Havendo empatia, aumentam as chances de haver entendimento. Havendo entendimento, o caminho está aberto para o convencimento. Quando há convencimento, a mudança de comportamento acontece.

Para ficar bem claro, quando falo em convencimento, quero dizer que para duas pessoas se entenderem é preciso que haja compreensão de ambas as partes e que cada uma das partes ceda um tanto. Esse ato de ceder de cada um significa aceitar, em parte, o posicionamento do outro e isso, de certa forma, é convencimento. Um exemplo prático disso é quando um casal não consegue se entender: a mulher quer que o marido colabore com algumas tarefas de casa,

[18] EMPATIA. *In*: DICIO, Dicionário Online de Português. Porto: 7Graus, 2020. Disponível em: https://www.dicio.com.br/empatia/. Acesso em: 02 fev. 2021.

Com o coração aberto
diante do outro,
aumentam as chances
de termos empatia.
Havendo empatia,
aumentam as chances de
haver entendimento.

mas ele não dá a mínima. Ela também não concorda que ele se encontre com os amigos para assistir ao jogo de futebol nas quartas-feiras à noite. Desse jeito e sem diálogo, esse casamento ou união não pode ir muito longe. Mas, se eles conversarem e negociarem tudo, ele pode ceder um pouco e passar a colaborar com as tarefas de casa. Em troca, ela pode concordar que ele se encontre com os amigos para assistir ao futebol. Aí, sim, teria havido um convencimento justo de ambas as partes. Ele a convenceu de que se encontrar com os amigos e assistir ao jogo de futebol é um hábito importante para ele, ela deve respeitar. Por fim, ela o convenceu de que a sua colaboração em casa é essencial também. Penso que, quando você consegue mudar, o mundo também muda. A isso, damos o nome de evolução. O caminho do desenvolvimento pessoal é o autoconhecimento. Sem ele, não há desenvolvimento pessoal, mas tão somente desenvolvimento cultural. E apenas desenvolvimento cultural não garante sucesso na vida, seja profissional, financeira ou nos relacionamentos coletivos/pessoais. E aí entra o poder do autoconhecimento. Acontece que a maioria das pessoas não sabe disso ou não procura saber. Recomendo que todos nós estejamos focados nos pensamentos, sentimentos e intuição. É essa tríade que precisa ser desenvolvida. Trabalhando o lado sensorial e sensitivo da nossa consciência, temos mais chances de tomar decisões assertivas.

E tudo isso vai além da razão. Exige intuição, capacidade de lidar com as emoções e, até mesmo, a experiência acumulada nas chamadas vidas passadas,[19] se você, como eu, acreditar nesse conceito.

---

[19] BESSAS, A. Memórias de vidas passadas são tema de estudo. **O Tempo**, 9 jun. 2016. Disponível em: https://www.otempo.com.br/interessa/memorias-de-vidas-passadas-sao-tema-de-estudo-1.2193379. Acesso em: 12 mar. 2021.

Ao ter uma intuição, podemos prestar atenção a esse sentimento e seguir com mais confiança. Portanto, segundo explicou Goleman em *Inteligência emocional*, o segredo para uma tomada de decisão mais sábia é a sintonia com os nossos sentimentos.

Uma prática que começa a ser mais difundida e que pode ajudar bastante nesse processo de conexão com o nosso verdadeiro eu se chama *mindfulness*.[20]

Do que se trata? Trata de um estado mental de controle sobre a capacidade de se concentrar nas experiências, atividades e sensações do presente. O seu principal objetivo é despertar a consciência de quem nós somos verdadeiramente. Nas palavras do *coach* Ricardo Porto:

> *A* mindfulness *é uma ferramenta poderosa que pode e deve ser aplicada no nosso dia a dia, porém, quando associada com uma metodologia que promova o autoconhecimento e a autotransformação, como é o caso do Pathwork©, possibilita que as descobertas e percepções possam ser entendidas, sentidas e processadas, de uma maneira profunda e poderosa, de forma a ampliar nossa consciência de nós mesmos, que possibilitem as transformações em direção a uma vida mais plena, realizadora e abundante, em todos os aspectos.*[21]

---

20 MINDFULNESS. *In*: Cambridge Dictionary. Cambridge, 2021. Disponível em: https://dictionary.cambridge.org/pt/dicionario/ingles-portugues/mindfulness. Acesso em: 12 mar. 2021.

21 PORTO, R. 3º Grupo de Mindfullness & Pathwork. 25 jan. 2018. Disponível em: http://www.rporto.com.br. Acesso em: 12 mar. 2021.

Na sua tradução para o português, o termo é traduzido como "atenção plena" ou "consciência plena". A palavra remete a um estado da mente que se caracteriza pela autorregulação da atenção para a experiência presente, numa atitude aberta, de curiosidade ampla e tolerante.

De acordo com a psicoterapeuta Pollyana Esteves, é quando você consegue manter sua mente no que está acontecendo no momento. Os pensamentos podem até vir, mas você volta a sua atenção para o agora. Há vários métodos diferentes para se atingir esse estado, sendo a meditação a técnica mais eficaz se praticada regularmente. Inicialmente, o *mindfulness* tem como objetivo dirigir a atenção para algo específico, como a respiração ou o próprio corpo.

É indicado para as pessoas ou profissionais que buscam um alívio para o estresse do dia a dia e desejam melhorar o desempenho mental, com um consequente aumento da produtividade no trabalho. Nesse aspecto, devido aos efeitos positivos, proporcionando assim, uma melhor concentração, o mindfulness terminou sendo adotado por várias redes corporativas, por meio do conceito de *flow* (fluxo), que foi desenvolvido pelo psicólogo Mihaly Csikszentmihalyi[22] e remete a um estado mental em que você está em uma zona de performance ideal, bem-estar, satisfação e foco.[23] É como quando você está fazendo seu hobby ou sua receita favorita e esquece todas as suas preocupações. A experiência é tão satisfatória

[22] CSIKSZENTMIHALYI, M. **Flow**: a psicologia do alto desempenho e da felicidade. Rio de Janeiro: Objetiva, 2020.

[23] EQUIPE IBC. O que é e como alcançar o estado de fluxo?. **IBC**, 5 jan. 2019. Disponível em: https://www.ibccoaching.com.br/portal/metas-e-objetivos/como-alcancar-estado-de-fluxo/. Acesso em: 12 mar. 2021

em si mesma que temos a sensação do tempo desaparecer ou parar por um momento. Dessa forma, a maioria das experiências em que você se envolve em *flow* são a própria expressão do aqui e agora. Então, para se atingir esse estado mental, são utilizadas técnicas de meditação que ajudam a obter uma concentração por meio da observação da respiração, dos batimentos cardíacos ou das próprias reações do corpo. A origem dessa meditação remonta às práticas meditativas orientais, sendo muito comum entre os budistas.

Atualmente, passou a ser alvo do interesse da medicina e da psicologia comportamental pois vai contra o estado de piloto automático, já que a técnica atua com precisão no reconhecimento do momento presente. Também ajuda o indivíduo muito ligado ao passado e ao futuro a relaxar, bem como reconhecer os limites do próprio corpo e respeitar as sensações. No Brasil, existe a Academia Brasileira de Mindfulness, cujo objetivo é trazer melhorias na qualidade de vida.

Portanto, ao incorporar o *mindfulness* às técnicas já utilizadas nos processos de *coach*, abre-se espaço para o desenvolvimento da saúde integral por meio da autocura. Com isso, é possível que você alcance a sua melhor versão, a vida plena.

Capítulo 4

*“Tornar-se mais consciente é
o maior presente que qualquer
pessoa pode dar ao mundo;
além disso, como em um efeito de onda,
o presente volta à sua fonte.”*

David R. Hawkins

Expansão da consciência

Passei grande parte da minha vida tentando descobrir qual era o propósito do homem aqui na Terra. Como grande curioso que sou, comecei a procurar respostas. Comecei pela religião. Li a Bíblia o mais que pude e frequentei as missas semanais, como bom católico que era. Como não encontrava a resposta, resolvi, paralelamente, estudar, pois foi o que me pareceu mais óbvio. De fato, o conhecimento, adquirimos nos livros. Li muito sobre religiões, seitas, sociedades secretas, ciências ocultas, a vida de Jesus e sua doutrina, espiritismo, esoterismo, cabala e outras vertentes mais. Li sobre ciências como a conscienciologia, que nada mais é do que a ciência que estuda a consciência e as suas diversas formas de manifestação. Ela considera em seus estudos todos os fenômenos e realidades em que vivemos, desde situações físicas, como, por exemplo, o comportamento, até situações menos palpáveis, como a interação das pessoas por meio da energia ou interação energética. Ou seja, estuda a consciência de modo integral, considerando a existência de outros corpos (ou veículos de manifestação) além do *soma*, o corpo físico. Também estudei a projeciologia, um subcampo da conscienciologia que examina de maneira mais específica as projeções de consciência, tão conhecidas da projeção astral. A projeção astral faz parte de um campo de estudos muito amplo e que engloba diferentes tipos de manipulação da consciência, por assim dizer. O próprio termo projeciologia vem do latim, *projectio*, que, em tradução livre, significa exatamente projeção. Ela também é parte do espectro de conhecimentos criado principalmente pelo então estudioso e médium Waldo Vieira.[24] Ainda li bastante sobre física quântica. Depois de tantas leituras, foi num livro quase de bolso, pelo seu tamanho, com pouco mais de 150 páginas, que descobri qual é, para mim, o verdadeiro propósito da nossa existência. O livro se chama *Propósito*,[25] de Sri Prem Baba.

Uma obra sobre autoconhecimento e o autor, já no primeiro capítulo, esclareceu a minha dúvida de uma vida inteira. Ele dizia que o propósito do ser humano é simplesmente a expansão da consciência. Nos meus estudos na conscienciologia, aproximei-me muito dessa conclusão, mas não conseguia enxergar tudo com clareza. A conscienciologia me dizia que o nosso propósito é a evolução, ou seja, o aprendizado e o treinamento diário da nossa mente com o objetivo de conseguirmos um dia utilizar 100% do seu potencial. Nesta ocasião, estaríamos libertos desse corpo

---

[24] VIEIRA, W. **O que é a conscienciologia**. 2. ed. Rio de Janeiro: Instituto Internacional de Projeciologia e Conscienciologia, 2003.

[25] BABA, S. P. **Propósito**: a coragem de ser quem somos. Rio de Janeiro: Sextante, 2016.

denso, da matéria. Seríamos apenas energia pura regida pelo chamado mentalsoma. O mentalsoma é o veículo de manifestação da consciência próprio da dimensão mentalsomática, mais elevada, digamos, também chamado mente universal. No meu entender, depois disso, não viria mais nada.

Assim como no budismo, após alcançarmos o nirvana,[26] estaria tudo terminado, ou seja, a nossa existência estaria completa e finalizada. Do que se trata o nirvana? Do estado de libertação alcançado pelo ser humano em sua busca espiritual.

Mas, depois da leitura do livro, cheguei à conclusão de que, mesmo depois de alcançado esse estágio ou plano consciencial, a mente continua a sua trajetória de expansão, ou seja, a expansão da consciência nunca para. Na minha opinião, com a introdução dos princípios da física quântica, o quebra-cabeça se completa. Isso porque, segundo os preceitos quânticos, esse estado de plenitude, aparentemente final, seria o estado de onde tudo recomeçaria.

Por isso, um questionamento muito importante pode pairar sobre as nossas cabeças: os religiosos questionam o que Deus estava fazendo antes de criar o céu e a terra . Para mim, antes de Deus, antes de qualquer coisa que possamos imaginar, a eternidade sempre esteve lá. Portanto, na minha opinião, esse é o princípio da existência. A eternidade não tem passado, presente ou futuro e, por isso, é atemporal. Assim, nada poderia existir antes dela, que contém todas as possibilidades – tudo que existe, existiu ou existirá um dia.

---

[26] NIRVANA. *In*: DICIO, Dicionário Online de Português. Porto: 7Graus, 2020. Disponível em: https://www.dicio.com.br/nirvana/. Acesso em: 5 fev. 2021.

Sobre a criatividade

Neste ponto, já que estamos refletindo sobre possibilidades, quero destacar a importância da criatividade nas nossas existências. A criatividade é uma experiência bem estabelecida que todo ser humano tem. Uma prova de que o cérebro não pode ser a mente. São duas coisas distintas. A mente é necessária para o processamento do significado criativo. Amit Goswami, em *Consciência quântica*, explica:

> *A mente é o lugar no qual se dá o pensamento. Em termos mais explícitos, é o compartimento da consciência com cuja ajuda a consciência escolhe o aspecto do significado do mundo. A mente ajuda a consciência a dar significado ao mundo físico e a outros objetos da consciência, inclusive a si mesma. Portanto, a mente é a doadora de significado.*
>
> *Muitos pensam que a mente está contida dentro do cérebro, que ela é um produto do cérebro. Mas como isso pode ser verdade se a mente processa significado e já vimos que o cérebro é uma máquina computadora que não pode dar origem a significados? Muitos acham ainda que a mente está contida dentro do campo eletromagnético do corpo – dentro de sua aura. Mas a mente é completamente diferente de qualquer coisa material, mesmo do corpo*

A eternidade não tem passado, presente ou futuro e, por isso, é atemporal. Assim, nada poderia existir antes dela, que contém todas as possibilidades.

> *elétrico biofísico – a aura – que, em si, é uma descoberta recente e excitante.*[27]

Noutras palavras, podemos presumir que o significado não faz parte dos 10% das coisas que observamos no mundo material. Logicamente, se o significado se origina na mente, esta também não pertence ao mundo material. Portanto, a mente é o mundo no qual os objetos têm significado.

Por essa linha de pensamento, chegamos à conclusão de algo que registrei no meu primeiro livro, *Eu cósmico, a essência*: "Temos em potencialidade o mesmo poder de Deus, ou seja, somos deuses em evolução".[28]

Sim, e essa caminhada evolutiva é o percurso que temos de fazer para descobrir, conhecer e aprender como usufruir de todo esse poder. Por isso, atualmente, me parece que mais e mais pessoas estão na busca desse despertar da consciência e que acordaram para a necessidade de terem mais qualidade de vida em todos os sentidos. Nunca se falou tanto de autoconhecimento, desenvolvimento pessoal e prosperidade como hoje. Se você fizer uma pequena pesquisa no Google ou no YouTube em torno da palavra autoconhecimento, vai ficar surpreso(a) com a quantidade de textos, livros e vídeos sobre o assunto.

É realmente impressionante. Quem conhece e/ou tem noção sobre a evolução humana é ciente de que, em algum momento da vida, mais cedo

---

[27] GOSWAMI, A. **Consciência quântica**: uma nova visão sobre o amor, a morte e o sentido da vida. São Paulo: Goya, 2018.

[28] BRAGA, W. **Eu cósmico:** a essência. Rio de Janeiro: Autografia, 2019.

ou mais tarde, as pessoas começam a se questionar sobre a sua origem e o que vieram fazer no mundo, bem como ter sucesso. Acontece que esses assuntos não são tão atuais. Muitas coisas que hoje despertam a nossa curiosidade já eram conhecidas dos pensadores da antiguidade. Por exemplo, a famosa frase: "*mens sana in corpore sano*", ou seja, "mente sã em corpo são", dita pelo poeta Juvenal que nasceu em Roma entre os anos de 55-60 depois de Cristo. Pois bem, desde aquela época, o homem tem a consciência de que a mente comanda o corpo. Dizer que o poder da mente é infinito não é exagero nem delírio, é fato. Temos dezenas, centenas e milhares de exemplos disso ao longo da história da humanidade.

Só para citar um bastante emblemático, registrado no meu livro *Eu cósmico, a essência* conto o caso do holandês Wim Hof,[29] que, numa experiência científica, ficou submerso em gelo até o pescoço, durante uma hora e meia, e, totalmente monitorado, não apresentou nenhuma alteração no seu organismo, desde os batimentos cardíacos até a temperatura do seu corpo, causando espanto e estupefação dos cientistas que acompanharam o experimento. Numa reportagem sobre o assunto, ele foi perguntado sobre como conseguiu essa façanha, assim como outras tantas, tais como escalar o Everest, atingindo 7.500 metros de altitude, vestindo apenas uma bermuda e de pés descalços. Respondeu que foi graças ao poder da sua mente, além de muito estudo e treinamento mental e físico. Ele desenvolveu um método plenamente treinável.

---

[29] WHAT is the Wim Hof Method?. **Wim Hof Method** [s.d.]. Disponível em: https://www.wimhofmethod.com/practice-the-method. Acesso em: 12 mar. 2021.

Eis aí o segredo do sucesso desse homem realmente diferenciado. Muito treinamento, conhecimento, concentração, foco, repetição e, acima de tudo, acreditar que é possível, ter fé. Ninguém conquista algo tão espetacular sem muita disposição, trabalho, dedicação e concentração.

Se você acha esse exemplo um tanto distante da sua realidade, posso falar um pouco sobre mim mesmo. Há muito tempo, lá pelos idos dos anos 1990, depois de quase dez anos sem praticar o esporte que mais amo, o basquete, voltei a jogar, pois havia completado 35 anos, a idade mínima para jogar como veterano no clube que frequentava. Os jogos eram à noite, e eu sentia dificuldade nos arremessos, pois, naquela ocasião, usava óculos e sofria de miopia. Para jogar, tinha de tirar os óculos, o que era muito ruim; eu via tudo embaçado e o meu rendimento nos arremessos era baixo. Como não me conformo fácil com as coisas, resolvi que iria me curar daquele problema. Marquei uma consulta médica sobre a possibilidade de fazer uma cirurgia para curar a miopia. O especialista afirmou que eu não tinha grau suficiente para esse tipo de procedimento, portanto, naquele momento, não era viável. Questionei ainda se havia algum tipo de tratamento para diminuir o grau, e ele me disse que a miopia não regride. Ela só estabiliza. Como descartei a possibilidade de usar lentes de contato por ser algo muito delicado, o que não combina com o meu estilo de vida, só vi uma saída para resolver o problema, a autocura.

Naquela época, eu vinha lendo muito sobre o poder do subconsciente e já praticava exercícios de mentalização para o meu bem-estar geral. Porém, ainda não havia feito nada específico ou com o foco num determinado problema. Então, comecei a focar na autocura da miopia. Formulei uma frase de determinação e dei o comando para o meu subconsciente. Passei a repetir aquilo como um mantra diário, durante determinado tempo. O resultado é que hoje quase não preciso mais de óculos. Consigo jogar tranquilamente sem o acessório e a minha performance no esporte melhorou bastante.

Precisamos ficar atentos. Sabemos que a indústria farmacêutica é forte e tem todo o interesse de vender remédios. Sejamos mais cuidadosos com a nossa saúde.

Essa é uma questão pessoal e intransferível, evidentemente, mas realmente recomendo que você considere cuidar melhor da sua mente e do seu corpo antes de tomar tantos e tantos medicamentos por dia, sem questionar nada. Considere a autocura como uma possibilidade sempre que achar que é o caso. Nada é fácil nem simples. Muitos paradigmas precisam ser quebrados, já que a medicina tradicional ou alopática se desenvolveu e tomou conta das sociedades ocidentais.

Uma das coisas que muito contribuiu para essa expansão da alopatia foi o estilo de vida corrido, agitado e de muitas responsabilidades da contemporaneidade. As pessoas passaram, cada vez mais, a não ter tempo para cuidar do corpo e da mente. Por isso se contentam com o alívio da dor apenas, não importando o resto. Da mesma forma, as famílias se acomodaram e transferiram a responsabilidade de educar os filhos para as escolas, inclusive do ponto de vista espiritual. Os casais religiosos passaram a colocar seus filhos em colégios particulares religiosos, delegando essa atribuição aos docentes. Não existe um trabalho em torno da espiritualidade e do autoconhecimento, mas única e exclusivamente da religiosidade. Das escolas públicas então, nem se fala. A meu ver, a expansão da consciência não se resume ao desenvolvimento intelectual do ser humano, ao aprendizado das disciplinas como matemática, física, química, história, mas precisa sobretudo daquelas áreas que exploram a nossa percepção sensorial intuitiva e o desenvolvimento pessoal, tais como filosofia, psicologia, psicanálise, meditação, ioga, conscienciologia e física quântica, por exemplo.

Capítulo 5

"Nenhum problema pode ser resolvido a partir do mesmo nível de consciência que o criou."

Albert Einstein

Níveis evolutivos de consciência

No meu primeiro livro, que inclusive já citei aqui, *Eu cósmico, a essência*, falei brevemente sobre os níveis evolutivos da consciência humana. São basicamente três: a senso-consciência, a semiconsciência e a pleniconsciência. Lá, afirmei ainda que "o nível em que se encontra a grande maioria da humanidade nos dias de hoje é o da semiconsciência", pois a senso-consciência é o estágio evolutivo em que se encontram os seres conhecidos como animais irracionais. Aqueles que não foram dotados de um cérebro privilegiado e do livre-arbítrio como nós, seres humanos. Esta é a grande e extraordinária diferença da consciência de um animal para a consciência humana: o livre-arbítrio, a capacidade de fazer escolhas, de discernir entre o certo e o errado.

Antes de começar a falar sobre os níveis de consciência propriamente ditos, quero fazer um esclarecimento muito importante para não confundir a sua cabeça, caro(a) leitor(a). Não há como falar de níveis evolutivos sem adentrar a espiritualidade e a religiosidade do homem. E isso não tem a ver com nenhuma religião específica, mas com a moral e a ética, arquétipos intrínsecos a nós, seres humanos, carimbados no inconsciente coletivo da humanidade. Por exemplo, todo ser humano tem na sua personalidade os traços da espiritualidade e da religiosidade, e, se imaginarmos uma escala de zero a dez, alguém pode ser zero espiritualmente e dez na sua religiosidade, ou vice-versa, ou ainda cinco-cinco. O importante é que entendamos que, se quisermos alcançar o mais elevado nível consciencial precisamos focar no desenvolvimento da espiritualidade, pois tudo depende da sua evolução.

A senso-consciência assim é denominada pois o radical senso significa sentido, ou seja, são seres regidos única e exclusivamente pelos cinco sentidos, além do instinto. Sendo assim, dizer que os animais são irracionais tem um pouco de exagero, pois eles possuem cérebro inteligente, assim como nós, humanos. Não podemos dizer que esses animais não são dotados de inteligência,[30] já que fazem coisas extraordinárias. Conheço casos de cães que habitam casas onde residem várias pessoas e que, com o tempo, assimilaram o temperamento e o comportamento de cada integrante da família. E mais: passaram a lidar com cada um de modo diferente. Para agir assim, é preciso ter cognição, discernimento. Animais, a meu ver, pensam, avaliam situações, decidem, tomam decisões. Também entendem o que falamos ou pensamos. Muitas vezes, é necessário apenas

---

[30] OLIVETO, P. Estudos indicam que a inteligência animal é muito maior do que se imaginava. **Correio Braziliense**, 23 out. 2011. Disponível em: https://www.correiobraziliense.com.br/app/noticia/ciencia-e-saude/2011/10/23/interna_ciencia_saude,275172/estudos-indicam-que-a-inteligencia-animal-e-muito-maior-do-que-se-imaginava.shtml. Acesso em 12 mar. 2021.

um olhar para nos comunicarmos com eles, com aqueles que são próximos de nós. Em *A expressão das emoções no homem e nos animais*,[31] obra lançada originalmente em 1872, Darwin demonstra que os animais também sentem raiva, medo, ciúme, manifestados por meio das expressões – que ele examina e explica do ponto de vista de sua funcionalidade no processo de adaptação do indivíduo ao meio. Por exemplo, a cobra cascavel faz do som de seu guizo um sinal para espantar predadores. Ele também afirma que algumas de nossas expressões são resquícios herdados de antepassados primitivos, comuns ao homem e a outros animais.

Recentemente, cientistas encontraram evidências de que os golfinhos chamam uns aos outros por seu "nome". Segundo estudo da Universidade de Saint Andrews,[32] na Escócia, publicado no periódico *Proceedings of the National Academy of Sciences*, esses mamíferos marinhos usam um assobio específico para identificar cada um dos membros do grupo. O que chamou a atenção é que cada golfinho responde quando escuta esse som específico.

O estudo seguiu o seguinte procedimento: os pesquisadores conseguiram reproduzir os assovios mecanicamente, por meio de alto-falantes instalados debaixo d'água, para entender se os animais se orientavam pela voz do parente ou, até mesmo, se aquele conjunto de sons formava uma palavra. Quando determinado código correspondia a um parente, os

---

[31] DARWIN, C. **A expressão das emoções no homem e nos animais**. São Paulo: Companhia de Bolso, 2009.

[32] ESTUDO mostra que golfinhos se chamam pelo 'nome'. **Veja**, 6 maio 2016. Disponível em: https://veja.abril.com.br/ciencia/estudo-mostra-que-golfinhos-se-chamam-pelo-nome/. Acesso em 12 mar. 2021

golfinhos se voltavam na direção dos alto-falantes. Chegou-se à conclusão de que os golfinhos usam nomes próprios como identidade, ou seja, uma assinatura sonora que os identifica. Sendo assim, esse é o primeiro experimento científico a comprovar tal fato em animais não humanos. Os golfinhos dessa espécie também parecem ser capazes de usar ferramentas e transmitir conhecimento.

Tudo leva a crer que a nossa inteligência não está limitada ao cérebro. Somos formados por células e estas, embora obedeçam ao comando central, têm autonomia, inteligência própria e decidem o que fazer, como é o caso das células cancerígenas que se rebelam formando tumores, deformações, protuberâncias, causando, muitas vezes, a morte de todo o organismo humano. Essa anomalia ocorre tanto em seres humanos como em animais. Vale salientar, aqui, que a grande maioria dos animais também é dotada dos cinco sentidos, assim como nós.

Depois dessa breve reflexão, deve ficar bastante claro que a única coisa que nos diferencia dos animais, além de um cérebro um pouco mais sofisticado, visto que desenvolvemos a fala para nos comunicar, é o livre-arbítrio.

Três planos

Então, continuando o nosso debate, a semiconsciência é o nível evolutivo em que a maioria da humanidade se encontra hoje, mas ela se subdivide em três planos conscienciais: o profano, o místico e o da fé plena. Vou falar

Se quisermos alcançar
o mais elevado nível
consciencial precisamos
focar no desenvolvimento
da espiritualidade,
pois tudo depende
da sua evolução.

um pouco desses três planos para que você, leitor, reflita e perceba em qual deles se encontra.

O primeiro e mais rasteiro dos três planos, o profano, é aquele em que a maior parte dos indivíduos que se encontram na semiconsciência estão alinhados. Nele, as pessoas ainda estão muito ou quase inteiramente ligadas à matéria, às questões mais práticas da vida, digamos assim. Muito preocupadas com a vida profissional, a educação dos filhos, o relacionamento amoroso, a vaidade, os planos do ter, do possuir, a aparência física e assim por diante.

Conheço pessoas que estão nesse estágio e até dizem se preocupar com o lado espiritual, mas, na prática, frequentam a igreja e rezam porque assim foram ensinadas a agir.

Antes de passar para o segundo plano consciencial da semiconsciência, vamos refletir sobre os estados de consciência. Como sabemos, são três os estados de consciência do ser humano: o consciente, o subconsciente e o inconsciente. Essa é uma linha de estudos muito considerada pela psicologia.

E, por falar nisso, de acordo com Jung, o inconsciente é uma fonte de conteúdo que nunca se cala e que ninguém pode calar, sendo dotado de uma força criativa.[33] Ele também defende a teoria de que é o inconsciente que cria o consciente. Portanto, em última análise, na concepção junguiana, o inconsciente é a mãe da consciência.

Foi Jung ainda quem dividiu o inconsciente em duas camadas, que

[33] JUNG, C. G. **Memórias, sonhos e reflexões**. Rio de Janeiro: Nova Fronteira, 2016.

chamou de inconsciente pessoal e inconsciente coletivo, onde o segundo, segundo o renomado psicanalista, é o reservatório de todo o conteúdo que já foi consciente, mas foi esquecido ou reprimido e consiste em toda a herança espiritual de evolução da humanidade, nascida novamente na estrutura cerebral de cada ser humano. Já o inconsciente pessoal, na concepção da psicologia junguiana, desempenha um papel de fundamental importância na produção dos sonhos, e tudo aquilo que o ego não suporta é transferido da consciência para o inconsciente pessoal.

O estado de consciência consciente é aquele em que estamos em vigília, ou seja, acordados, na posse dos cinco sentidos. Segundo Freud,[34] o pai da psicanálise, o consciente, responsável por 5% da nossa mente, é racional e lógico, seleciona, censura, filtra informações, rege nossas emoções e trabalha enquanto nós estamos acordados. Ele comanda todas as nossas ações voluntárias e envia as ordens e comandos para o subconsciente. Já o subconsciente é o estado de consciência intermediário, ele trabalha o tempo todo como plano de fundo do consciente. É onde estão os outros 95% da nossa mente. Ele é irracional, subjetivo, grava tudo que recebe sem censura e sem filtragem alguma e dá comandos de ordem automática para o nosso corpo, simples assim. Ele não dorme, trabalha vinte e quatro horas por dia e, de quebra, é o gestor das funções vitais do nosso corpo, tais como: batimentos cardíacos, filtragem de sangue pelos rins, funcionamento do intestino, hormônios etc. É lá que estão armazenadas as informações

[34] NASCIMENTO, T. Subconsciente – o que é, como funciona e sua diferença do inconsciente. **Segredos do Mundo**, 5 jun. 2019. Disponível em: https://segredosdomundo.r7.com/subconsciente/. Acesso em: 12 mar. 2021.

que não precisam estar no seu consciente, mas que é possível recuperar a qualquer momento, como o número do RG ou do CPF. O subconsciente é responsável pela maior parte das decisões que tomamos todos os dias. Até mesmo as decisões que pensamos ter racionalizado e pensado durante horas podem ter sido tomadas no subconsciente, e todo o tempo gasto com a racionalização das ideias serviu apenas para encontrar uma justificativa.

Conforme estudo publicado em março de 2019 pela Universidade de New South Wales, algumas decisões existem em nossos cérebros muito antes de conscientemente termos escolhido isso ou aquilo, sugerindo que podemos ter menos controle sobre nossas escolhas pessoais do que pensamos".[35] Isso acontece porque a nossa mente precisa tomar muitas decisões constantemente, mesmo que não nos demos conta, tais como piscar, falar, andar, trocar a marcha do carro, cheirar, jogar, estudar, trabalhar, dormir, comer, ler, ouvir etc.

E como a maioria dessas atividades é repetitiva, para que o nosso subconsciente possa tomar tantas decisões sem precisar racionalizar cada uma delas, ele cria padrões comportamentais. Por exemplo: o ato de subir uma escada. Após várias repetições, o nosso subconsciente grava a exata altura do degrau, que na engenharia civil se convencionou como norma 17 centímetros. Então o cérebro estabelece essa altura como padrão. Se por acaso alguém for subir uma escada e no meio dela tiver um degrau com 20 centímetros de altura, muito provavelmente essa pessoa tropeçará,

---

[35] ESTUDO mostra que decisões são tomadas no subconsciente. **Xinhua Português**, 7 mar. 2019. Disponível em: http://portuguese.xinhuanet.com/2019-03/07/c_137875348.htm. Acesso em: 12 mar. 2021.

pois repentinamente o padrão mudou e o cérebro não estava analisando aquilo. Se algo precisa ser feito com muita pressa, por exemplo, ele toma uma decisão e só depois racionaliza. Então é por isso que algumas pessoas, durante uma tentativa de assalto, reagem sem pensar e apenas depois dessa reação é que vão analisar todos os riscos que correram.

Em última análise, assim que o subconsciente assimila uma ideia qualquer, instantaneamente começa a tentar executá-la. Coloca todos os seus recursos à disposição dessa empreitada – e esses recursos são muito maiores do que se supõe. Ele utiliza todo o conhecimento já reunido, cuja maioria a mente consciente já esqueceu totalmente, só para conseguir este propósito. Mobiliza os muitos poderes mentais, a maioria dos quais jamais foi empregada conscientemente. Lança mão da ilimitada energia da mente racional. Alinha todas as leis da natureza que operam dentro e fora do ser humano para alcançar esse objetivo.

Algumas vezes, o sucesso é imediato. Outras vezes, demora um pouco e, em outras, demora muito. Entretanto, se o objeto do desejo não for totalmente impossível, o subconsciente conseguirá materializar, desde que tenha assimilado a ideia. E, para fazê-lo assimilar a ideia, deve-se construir a casa mental em cada momento em que o indivíduo se encontra desperto, cuja palavra é silenciosa e invisível, mas, no entanto, real. Bem, como diriam os mestres Napoleon Hill, Joseph Murphy e Dale Carnegie: "A casa mental é construída o tempo todo, e o projeto desta é representado pelo pensamento e pela imagem mental. Hora após hora, momento após momento, pode-se construir uma saúde radiante, sucesso e felicidade através dos pensamentos, das ideias, das crenças e das cenas ensaiadas no estúdio oculto da mente".[36]

Essa lei universal funciona para as boas e más ideias, pois faz parte do livre-arbítrio. O seu princípio fundamental é: o negativo atrai o negativo e o positivo atrai o positivo. Quando usada negativamente, produz doença, problemas e fracassos. Quando utilizada positivamente, produz a cura, a liberdade e o sucesso. Nós damos o comando, e o subconsciente executa.

O inconsciente é a região do cérebro mais profunda, onde ficam registradas as memórias mais difíceis de serem resgatadas. Segundo Carmelita Gomes Rodrigues, mestra em Psicologia Clínica pela Universidade de Brasília (UnB):

> *São conteúdos mentais/emocionais não acessados pela razão ou pela consciência. É composto de memórias esquecidas, experiências reprimidas, percepções subliminares, experiências afetivas, sensações e intuições. É como um "espaço" psíquico que funciona como um "baú" repleto de fantasias, desejos e emoções de difícil controle.*[37]

É lá que estão aquelas memórias muitas vezes indesejáveis, consequência de traumas psicológicos da mais tenra idade. O acesso a essa região

---

[36] HILL, N.; MURPHY, J.; CARNEGIE, D. **Os segredos que vão mudar sua vida**. Rio de Janeiro: BestSeller, 2014.

[37] RODRIGUES, C. G. O que é o inconsciente?. **Psicopauta**, 2 mar. 2010. Disponível em: https://psicopauta.wordpress.com/2010/03/02/o-que-e-o-inconsciente/. Acesso em: 12 mar. 2021.

Assim que o subconsciente assimila uma ideia qualquer, instantaneamente começa a tentar executá-la. Coloca todos os seus recursos à disposição dessa empreitada.

da nossa mente normalmente é obtido por meio de terapias de regressão. Segundo Freud, "o inconsciente é uma proteção do nosso organismo. Ele esconde as piores situações que já passamos na vida e só pode ser acessado com um evento que traga essa lembrança ao consciente". Ele não foi o primeiro a usar esse termo. Neurologistas como Jean-Martin Charcot (1825–1893) ou Hippolyte Bernheim (1840–1919) já falavam do inconsciente. Mas foi ele quem fez desse conceito a espinha dorsal das suas teorias, dando-lhe novos significados.

O mundo inconsciente não é uma entidade abstrata nem está além da consciência. Ela é, sim, uma camada real, ampla, profunda, caótica e essencial da mente, à qual não se tem acesso. Entretanto, esse mundo inconsciente pode se revelar de várias formas: por meio dos sonhos,[38] nos nossos erros involuntários ao escrever ou falar ou até mesmo nos nossos atos falhos. Dessa forma, para Freud, o inconsciente é interno porque se espalha pela nossa consciência e externo porque afeta o nosso comportamento.

> **"A interpretação dos sonhos é o real caminho ao conhecimento das atividades inconscientes da mente."**
>
> *Sigmund Freud*

O segundo plano consciencial da semiconsciência, o místico, é aquele em que o homem tenta se desprender, se desapegar das coisas materiais, do que é mundano, como bens de uma forma geral, além do sexo e do convívio

[38] FREUD, S. **A interpretação dos sonhos**. São Paulo: Companhia das Letras, 2019.

familiar. Além disso, tenta se desapegar totalmente do ego que lhe regeu toda a vida até aquela altura da caminhada. É uma transição muito difícil e, por isso mesmo, é necessário se afastar de tudo e de todos. Abandonar a vida mundana.

É dessa forma que os monges agem para, como iniciados, atravessar essa fronteira entre o ego e o eu cósmico. Para alcançar esse plano místico, faz-se necessário esse afastamento, o mergulho profundo na espiritualidade para se libertar dessa força inercial do ego. O homem místico, apesar de já estar em um nível espiritual elevado, ainda é vulnerável às tentações do mundo. Isso se dá no período inicial, até que se fortaleça espiritualmente e esteja totalmente regido pelo seu eu superior, plano em que o objetivo é servir ao próximo.

O terceiro plano consciencial da semiconsciência é o da fé plena. Nesse nível, o ser humano já conseguiu se desgarrar totalmente do ego e está apto a encarar a vida mundana sem se contaminar. É o último degrau antes de alcançar a pleniconsciência. A diferença é que, neste estágio, o homem ainda está revestido da matéria, do seu corpo físico. É a sua, digamos assim, última experiência enquanto encarnado. Penso que podemos dizer que pessoas como Mahatma Gandhi, Martin Luther King, Madre Teresa de Calcutá e o Buda são seres que alcançaram esse estágio evolutivo, que podemos chamar ainda de Iluminação.

O último nível evolutivo, a pleniconsciência ou consciência universal, é um infinito e eterno oceano de energia inteligente. Cada um de nós, cada alma, individualmente, é uma gota nesse oceano. Dizer onde uma gota termina e outra começa é praticamente impossível, pois não há separação no campo unificado de energia.

Acredito que todo o universo tenha sido criado a partir da consciência e não de matéria sólida. É uma expressão do pensamento. Ela inclui pontos individuais de consciência, cada um dotado do livre-arbítrio, ou seja, de vontade própria e poder de decisão. Bem, alguns desses pontos de consciência, neste momento, estão tendo uma experiência física, bem aqui na Terra, como seres humanos. Por termos a capacidade de conceber, imaginar e criar, somos seres infinitos e eternos.

Então, a natureza da consciência universal é a natureza de todos nós. Dessa forma, tudo o que imaginarmos é possível conquistar. Todos os nossos pensamentos podem ser manifestados no mundo físico. Apenas devemos permitir que as coisas aconteçam. Agora já temos tudo que desejamos, mas em nossos pensamentos. Só falta permitirmos que isso tudo entre em nossa experiência física. Esse movimento envolve três sentimentos básicos: o desejo (a semente da criação); a crença em nosso poder criativo e a expectativa (aguardando que o que se manifestou na sua mente esteja a caminho da sua experiência física).[39]

É exatamente o que afirmo, todos os dias, no mantra que compartilho abaixo com você: "**Entrego** a minha situação atual à vontade da Consciência Divina do meu Eu Superior que me guia, incondicionalmente. **Confio** no poder e na sabedoria dessa consciência maior e me permito ser guiado e inspirado por ela, através do meu coração. **Aceito** o resultado seja ele

[39] OURIVES, E. **DNA da cocriação**: sintonize seu novo eu. São Paulo: Gente, 2020.

Cada um de nós,
cada alma,
individualmente,
é uma gota nesse oceano.
Dizer onde uma
gota termina e outra
começa é praticamente
impossível.

qual for, pois sei que ele é o melhor para o meu momento e para a minha evolução. **Agradeço** pela energia recebida, mesmo que não consiga compreendê-la nesse momento. Agradeço também pelo melhor resultado, pois sei que já está a caminho e o melhor se manifestará em breve na minha vida. Um novo ciclo em minha evolução".

Segundo a conscienciologia, numa ideia que discuti bastante em meu primeiro livro, o propósito maior da nossa existência é substancialmente a nossa evolução, a expansão da mente, que nada mais é do que a longa caminhada consciencial de aprendizagem para conseguirmos utilizar 100% do nosso potencial. Isso consiste primordialmente no desvencilhar do ego, com o consequente aprimoramento do eu interno, o eu cósmico. É o desapego da matéria para nos lançarmos no mundo das sutilezas, numa fantástica e eterna viagem em busca da plenitude.

Capítulo 6

"Sair do corpo humano, com lucidez, é a mais preciosa e prática fonte de esclarecimentos e informações prioritárias acerca dos mais importantes problemas da vida, elucidando-nos sobre quem somos, de onde viemos e para onde vamos."

Waldo Vieira

Consciência e projeção

Depois de ter lido os capítulos anteriores, você já deve ter entendido que estamos todos numa caminhada evolutiva. Assim, não poderíamos, de maneira nenhuma, seguir em frente sem nos aprofundarmos num assunto intrinsecamente inerente ao ser humano, mas que, infelizmente, por falta de conhecimento, a maior parte da humanidade ignora. Não devemos, nunca, ter medo do conhecimento, pois ele nos leva à verdade. E o contexto da verdade, ao qual me refiro, é o mesmo de liberdade citado por Jesus na célebre frase: "Conhecereis a verdade e ela vos libertará".[40]

Este libertar sobre o qual Jesus nos fala está no campo das sutilezas, ou seja, vai além da matéria, do corpo em si. Baseado nos fatos, na ciência e no raciocínio lógico, acredito que somos eternos e que esta espécie de casulo que ocupamos nesta existência é apenas um de tantos templos que habitamos e habitaremos em cada uma das fases da nossa

---

[40] BÍBLIA. Português. "E conhecereis a verdade, e a verdade vos libertará". Bíblia On-line [s. d.]. Disponível em: https://www.bibliaonline.com.br/acf/jo/8/32. Acesso em: 12 mar. 2021.

existência. A consciencologia é a ciência que explica isso, juntamente com a projeciologia. Apesar de o estudo da projeção astral não ser exatamente novo e ainda carecer de muitas informações a serem coletadas, os estudiosos do tema explicam que a consciência é um corpo sutil que se utiliza de muitos veículos para se manifestar e se comunicar. Portanto, o corpo humano, da forma que é, nada mais é do que um desses veículos e provavelmente o mais tangível deles, visto que é perceptível aos sentidos físicos mais comuns.

Segundo a física quântica, no universo tudo é energia em diversas frequências vibracionais e matéria é energia altamente condensada.[41] Portanto, o corpo humano é um estado de energia vibratória altamente condensada.

Em estado de vigília, ou seja, quando estamos acordados e com todos os nossos sentidos dominantes, agindo de maneira uniforme e atuando em conjunto, essa consciência permanece presa, enclausurada dentro deste veículo denso. Porém, quando dormimos, devido ao relaxamento, acontece uma pequena transformação na maneira como esses sentidos atuam. Eles se desencaixam e liberam a consciência para se manifestar com mais liberdade. A tal liberdade que comentei no início deste capítulo.

Então, segundo Waldo Viera, o fundador da consciencologia no Brasil, todos os seres humanos se projetam quando dormem, independentemente

---

[41] DINIZ, A. E. Oração está impregnada de vibração quântica. **O Tempo**, 9 jan. 2018. Disponível em: https://www.otempo.com.br/interessa/oracao-esta-impregnada-de-vibracao-quantica-1.1560502. Acesso em 13 mar. 2021.

de sua raça, cor, religião ou nível intelectual.[42] Na minha opinião, é um fenômeno astral inerente à humanidade. Algumas pessoas desenvolvem com mais facilidade a sua percepção sensorial e ficam mais suscetíveis a identificar a prática quando ela acontece. A maioria das pessoas não percebe e passa pela vida sem experimentar conscientemente esta sensação.

Apesar de os assuntos aqui tratados serem observados e datados desde tempos muito antigos, são ignorados por muita gente. Mesmo aquelas pessoas que de alguma forma já observaram e/ou perceberam esse fenômeno consigo mesmas, geralmente, não têm interesse em se aprofundar no assunto. Há muito medo envolvido. Conheço pessoas que já se projetaram involuntariamente e que perceberam o fenômeno. Uma leitora do meu livro *Eu cósmico* me procurou em um evento e contou que isso acontece com ela e que, de vez em quando, ela percebe. Relatou que, apesar de ter essa consciência, nunca havia contado para ninguém, pois tinha medo de as pessoas a acharem louca ou debocharem da situação. E que, pela primeira vez, estava conversando com alguém sobre o assunto. Então, ainda existe um tabu e/ou preconceito sobre a abordagem desse tipo de tema na nossa sociedade. Este fenômeno comumente recebe outras denominações como: EFC (experiência fora do corpo), desdobramento, desprendimento espiritual. Como funciona esse fenômeno da projeção? No momento em que a consciência se desprende, o corpo físico continua em estado de dormência e relaxamento, com todas as

---

[42] VIERA, W. **Projeções da consciência:** diário de experiências fora do corpo físico. Rio de Janeiro: Instituto Nacional de Projeciologia e Conscienciologia, 2002.

suas funções biológicas mantidas normalmente, sem nenhum risco à integridade física. As experiências ocorridas durante uma projeção variam muito, embora as mais comuns envolvam a sensação de flutuar e ver seu próprio corpo adormecido. Esses estados alterados de consciência, muitas vezes, se confundem com o sonho. Por isso, no estudo da projeciologia é extremamente importante perceber a diferença entre sonho e projeção da consciência. Diferentemente do sonho, na projeção, vivemos uma autoconsciência contínua,[43] desde o estado de vigília física ordinária, isto é, quando experimentamos a projeção antes, durante e depois da experiência projetiva. Também mantemos maior lucidez para saber quem somos e o que estamos fazendo naquele ambiente extrafísico, bem como experimentamos sensações de liberdade, prazer e bem-estar que não temos no sonho comum.

Já no sonho, o indivíduo só começa a sonhar depois que sai do estado de vigília física, ou seja, quando adormece. Por causa disso, no sonho não passamos pelo estado vibracional das bioenergias (quando sentimos o corpo vibrar como se estivesse em contato com eletricidade). As imagens são irreais, fantasiosas e concebidas pelo subconsciente. Outra característica é que, nesse caso, não temos a lucidez para perceber a saída do corpo físico, o juízo crítico fica ausente e normalmente nos submetemos às situações mais absurdas como naturais (por exemplo: falar com animais, encontrar banheiros em desertos, subir escadas intermináveis etc.). Nesse estado de consciência, a mente humana não está suficientemente alerta

[43] VIEIRA, W. **Projeciologia**. Foz do Iguaçu: Editares, 2019.

Acredito que somos eternos e
que esta espécie
de casulo que ocupamos
nessa existência é apenas
um de tantos templos
que habitamos e habitaremos
em cada uma das fases
da nossa existência.

para despertar seu sentido de atenção, não mantemos a lucidez sobre quem somos no estado de vigília física ordinária.

Esse é um assunto muito vasto e não posso tratar aqui superficialmente, senão o leitor ficaria com muitas dúvidas. Por exemplo, falei, no início deste capítulo, que a consciência se utiliza de vários veículos para se manifestar e se comunicar. Então, penso que você deve estar se perguntando o que é e quantos são esses veículos, já que só especifiquei o corpo físico até aqui. Portanto, senti a necessidade de esclarecer e aprofundar um pouco mais esse assunto tão pouco conhecido.

Os veículos de manifestação da consciência são: corpo mental, psicossoma e corpo físico. São todos conceitos trabalhados na conscienciologia, pelos autores aqui já citados.

O corpo físico é o nosso corpo mesmo. O corpo mental é o veículo de manifestação pelo qual a consciência se manifesta usando os atributos da inteligência (intelecto, intuição, memória, imaginação etc.). Também chamado de mente, corpo do pensamento e mentalsoma, atua isoladamente, sem o corpo humano, o "duplo etérico" e o psicossoma. O duplo etérico é composto por energias bastante densas, quase materiais, mas ainda ocultas da visão humana, é o responsável pela repercussão vibratória sobre o corpo carnal. Sua atividade principal é filtrar, captar e, por isso mesmo, canalizar para o corpo físico todas as energias que deverão alimentá-lo.

Esta comunicação toda é feita por meio dos *chacras*, que captam as vibrações do espírito e as transferem para as regiões correspondentes na matéria física. A isso, se dá o nome de projeção do corpo mental.

O psicossoma é o veículo pelo qual a consciência se manifesta nos planos de frequências vibratórias diferentes. Ele também é chamado de corpo espiritual, corpo emocional ou dos desejos, corpo sutil, duplo astral, perispírito etc. É uma réplica perfeita do corpo físico em toda a sua estrutura e, por isso, são coincidentes durante o período em que a consciência está desperta. Mas, no sono, ele se destaca e se projeta para fora do corpo.

Como disse antes, o assunto é muito vasto, tendo sido desenvolvida toda uma ciência para o seu estudo. Para que não pairem dúvidas sobre como se processa esse fenômeno, devo acrescentar apenas mais um conceito bastante utilizado na literatura da conscienciologia. O termo é conhecido por "cordão de prata", que nada mais é do que uma espécie de apêndice energético, que tem como função transmitir a energia vital para o corpo físico, abandonado durante a projeção. Em contrapartida, o cordão de prata recebe energia do corpo físico, criando um circuito energético de ida e volta. Esse fluxo energético entre os dois veículos independe da distância em que o psicossoma estiver projetado. Dependendo da distância entre os corpos, esse cordão se torna mais grosso ou mais fino em similaridade com um elástico.

No meu entender, esse cordão é tão mais elástico quanto mais evoluído espiritualmente você é. Uma conclusão a que cheguei é que, quando estamos espiritualmente prontos para atingir o nível consciencial da plena fé, nos libertamos completamente desse cordão de prata e enfim nos desprendemos definitivamente do corpo físico, passando a vibrar numa matéria energética sutil.

Quanto à projeção, ela pode ser voluntária ou involuntária. O que é mais comum na imensa maioria das pessoas é a involuntária, pois, como já comentei, são muito poucas as pessoas que percebem quando esse fenômeno acontece.

Na projeção involuntária, a pessoa sai do corpo sem querer e não tem a menor noção de como isso aconteceu. Em geral, ela se deita e adormece naturalmente. A maioria das pessoas se projeta e não percebe. Essa projeção pode ocorrer até mesmo antes de adormecer. Aquelas que percebem, ao despertar, descobrem que estão flutuando fora do corpo físico, que pode ser nas proximidades ou à distância dele, em lugares conhecidos ou não. Na maioria das projeções involuntárias, a pessoa projetada observa seu corpo físico deitado na cama e as reações mais comuns são: ficar assustada, achando que está desencarnada, ficar muito desesperada e mergulhar no corpo físico violentamente na expectativa de escapar daquela situação inusitada ou, ainda, imaginar estar vivendo um pesadelo e tentar acordar seu corpo físico.

Por outro lado, há aquelas pessoas que se projetam involuntariamente, mas não se questionam e se sentem tão bem nessa situação, numa sensação de liberdade e flutuação tão agradável, que nada mais importa para elas. A maioria dessas não percebe a projeção e, ao despertar no corpo físico, acreditam que aquela vivência era apenas um sonho bom. Uma outra parte bem menor vai ter consciência do que aconteceu realmente.

Já nas projeções voluntárias, em que a pessoa tenta e consegue sair do corpo pela própria vontade, totalmente consciente, pode observar seu corpo físico com tranquilidade, viajar à vontade para lugares diferentes deste, para outros planos com frequências vibratórias diferentes, encontrar com outros projetores ou com entidades desencarnadas. Também pode flutuar,

Quando estamos
espiritualmente prontos
para atingir o nível
consciencial da plena fé,
nos libertamos completamente
desse cordão de prata e
enfim nos desprendemos
definitivamente do corpo físico.

atravessar objetos físicos e voltar para o corpo físico na hora que quiser. Tanto na projeção involuntária como na voluntária, o fenômeno ocorre da mesma forma, o que muda é a percepção de cada projetor em função do maior ou menor conhecimento e conscientização sobre o que ocorre. Por exemplo, algumas pessoas têm medo de sair do corpo e não voltar mais.

Até aqui, tudo o que escrevi diz respeito a aprendizado, crescimento, autoconhecimento, desenvolvimento pessoal e, por fim, expansão da consciência. Por isso, os capítulos deste livro seguem uma sequência lógica, facilitando ao leitor um melhor entendimento sobre essa trajetória da humanidade aqui na terra. Por essa lógica, baseada em fatos, ciências e crenças, tecemos até aqui uma análise da nossa origem, de onde viemos e para onde vamos. Tudo com base nos meus estudos, leituras, em tudo aquilo que já vi e aprendi em décadas de aprendizado. Para mim, é uma alegria compartilhar tudo isso com você.

Por isso, concluo que a prática regular da projeção consciente dá ao indivíduo a possibilidade de, numa próxima vivência, lembrar-se da experiência da vida anterior. E é dessa evolução que estamos tratando. Quando o indivíduo consegue se lembrar de seu aprendizado em vidas passadas, está apto a corrigir o rumo da sua trajetória astral e assim alcançar a plenitude e a tão sonhada liberdade. Dessa forma, vamos poder desvendar os mistérios da metafísica e fazer a ligação desse circuito que nos desliga a cada nova vivência das experimentações de vidas passadas. É esse curto-circuito que ocorre a cada corporificação, que o ser humano na sua caminhada astral está aprendendo a evitar que ocorra.

Capítulo 7

"O coração é um órgão muscular oco, envolto por um saco cheio de líquido chamado pericárdio, localizado no interior da cavidade torácica. Sua função é bombear o sangue oxigenado (arterial) proveniente dos pulmões para todo o corpo e direcionar o sangue desoxigenado (venoso), que retornou ao coração, até os pulmões, onde deve ser enriquecido com oxigênio novamente".[44]

[44] Coração. **Portal IG**. 2000-2012. Disponível em: https://saude.ig.com.br/coracao/. Acesso em: 8 fev. 2021.

Coração

Quando comecei a escrever este livro, achei que já sabia muita coisa sobre pensar, falar, sentir e agir com o coração. Até então, eu me embasava na minha própria experiência de vida e em alguns exemplos de pessoas que sempre foram modelos, nas quais eu achava que deveria me espelhar. Tudo ia bem, na minha ótica primitiva, até que um belo dia encontro uma pessoa muito querida, um tio que mora longe e tinha vindo visitar a família. Um homem muito culto e inteligente, com quem eu gosto muito de conversar. Começamos a conversar e entrei no tema deste livro. Disse que havia chegado à conclusão de que devemos sempre pensar, falar, sentir e agir com o coração. Tudo isso com a ajuda da intuição.

Meu tio então disse:

— Tome cuidado com isso, pois um sem-número de coisas ruins que aconteceram com a humanidade estão ligadas ao fato de que alguém agiu com o coração. Os crimes passionais, por exemplo.

Confesso que ainda não havia pensado que o coração também sofre a influência do bem e do mal. Essa dicotomia está intimamente ligada à mente, mas também ao coração. Segundo o pesquisador e escritor Joseph Chilton Pearce, autor de *The Biology of Transcendence* [A biologia da transcendência, em tradução livre], a maior parte das células que formam o coração são células neurais, ou seja, não musculares. Como o próprio autor afirma em entrevista:

> *A ideia de que podemos pensar com nossos corações não é mais apenas uma metáfora, mas é, de fato, um fenômeno muito real. Agora sabemos disso porque a pesquisa combinada de dois ou três campos está provando que o coração é o principal centro de inteligência em seres humanos. Os biólogos moleculares descobriram que o coração é a glândula endócrina mais importante do corpo. Em resposta à nossa experiência do mundo, ela produz e libera um importante hormônio, ANF – que significa Atrial Neuriatic Factor [Peptídeo Natriurético Atrial, em português] –, que afeta profundamente todas as operações na estrutura límbica, ou o que chamamos de "cérebro emocional". Isso inclui a área do hipocampo, onde a memória e a aprendizagem ocorrem, e também os centros de controle para todo o sistema hormonal. E neurocardiologistas descobriram que 60 a 65% das células do coração são realmente células neurais, e não*

> *células musculares como se acreditava anteriormente. Eles são idênticos às células neurais no cérebro, operando através dos mesmos elos de conexão chamados gânglios, com as mesmas conexões axonais e dendríticas que ocorrem no cérebro, bem como através dos mesmos tipos de neurotransmissores encontrados no cérebro.*
>
> *Literalmente, em outras palavras, existe um "cérebro" no coração, cujos gânglios estão ligados a todos os principais órgãos do corpo, a todo o sistema de fuso muscular que permite aos humanos expressarem suas emoções. Cerca de metade das células neurais do coração estão envolvidas na tradução de informações enviadas de todo o corpo para que ele possa manter o corpo funcionando como um todo harmonioso. E a outra metade compõe uma conexão neural muito grande, sem mediação, com o cérebro emocional em nossa cabeça e mantém um diálogo de vinte e quatro horas por dia entre o coração e o cérebro de que nem mesmo estamos cientes.*[45]

Na mesma linha de raciocínio, a escritora Rebecca Cherry escreveu, em um artigo:

[45] DEBUS, K.; MERCOGLIANO, C. Expressing Life's Wisdom: Nurturing Heart--Brain Development Start with Infants. **Journal of Family Life**, v. 5, n. 1, 1999. Disponível em: https://ratical.org/many_worlds/JCP99.html. Acesso em: 13 mar. 2021. (Tradução minha.)

Devemos agora mudar as engrenagens para fora do estado baseado no medo mental que temos sido ensinados a acreditar e nos movermos para viver centrados no coração. Para que essa transformação ocorra, é preciso aprender a meditar, "entrar em seu coração" e acessar a sabedoria interior do Universo.

É a única maneira, é O Caminho. À medida que cada um de nós começa esta revolução tranquila de viver do Coração, vamos começar a ver os reflexos em nossas vidas e em nosso mundo.

Esta é a forma como cada um de nós vai criar uma mudança no mundo, criar paz, criar harmonia e equilíbrio, e desta forma, vamos todos criar o Paradigma do Novo Mundo do Céu na Terra.[46]

Em sua autobiografia, *Memórias, sonhos e reflexões*, Jung cita um diálogo com um índio norte-americano que transcrevo aqui:

O índio diz:

— Veja como é cruel o homem branco... Seus olhos têm uma expressão fixa. O que eles estão buscando? O homem

[46] CHERRY, R. Siga seu coração, ele é mais inteligente do que você pensa. **Ivete Adavaí**, 2 jul. 2012. Disponível em: https://adavai.wordpress.com/2012/07/02/artigo-de-rebecca-cherry/. Acesso em: 8 fev. 2021.

O coração
também sofre
a influência do
bem e do mal.

branco sempre quer alguma coisa; eles estão sempre incomodados e inquietos. Nós não sabemos o que eles querem. Nós não o compreendemos. Nós pensamos que eles estão loucos.

Jung então lhe pergunta por que ele achava que o homem branco estava louco.

— Eles dizem que pensam com a cabeça, responde o índio.

— Por quê? Com o que você pensa? — pergunta Jung.

— Nós pensamos aqui — diz o índio apontando o coração.[47]

Em todas as minhas pesquisas sobre o assunto, me deparei com afirmações como as que citei anteriormente, em que ninguém questiona esse lado mau do coração que impulsiona as pessoas a cometerem coisas ruins. Então surgiram alguns questionamentos: quando alguém comete um crime passional, será que agiu com o coração mesmo? E se foi, essa pessoa agiu por impulso? Não parou para pensar?

Aí me veio à mente o caso do atirador da Catedral de Campinas, em São Paulo, Euler Fernando Grandolpho, de 49 anos que, em 6 de novembro de 2018,[48] entrou na igreja, sentou-se no banco, assistiu a toda a missa e, ao final, sacou uma arma, matou cinco pessoas, foi alvejado por policiais e se matou em seguida. No meu entendimento, esse homem teve bastante

[47] JUNG, C. G. **Memórias, sonhos e reflexões**. Rio de Janeiro: Nova Fronteira, 2016.

[48] ATAQUE na Catedral: veja quem é o atirador. **G1**, 11 dez. 2018. Disponível em: https://g1.globo.com/sp/campinas-regiao/noticia/2018/12/11/policia-identifica-atirador-que-matou-4-durante-missa-na-catedral-de-campinas.ghtml. Acesso em: 13 mar. 2021.

tempo para pensar, não apenas com o coração, mas também com a mente. Sei que esse é um debate complexo, mas, devo dizer, aprendi ao longo da minha vida que as pessoas costumam, com bastante frequência, complicar as suas próprias vidas. Nessa minha observação, percebi que, também com muita constância, as pessoas não dão a devida importância ao diálogo.

Pelo menos no caso do atirador da Catedral de Campinas, os relatos da maior parte dos meios de comunicação informaram que ele era muito introvertido, sofria de depressão e vivia trancado no seu quarto. Quando afirmei para o meu tio que devemos "pensar, falar, sentir e agir com o coração", quis dizer que esses quatro fatores são necessários em todas as nossas atitudes, já que é lá que reside o nosso Cristo interior, o nosso Deus. A falta de um deles já pode resultar em consequências desagradáveis ou não desejáveis. Na minha concepção, o mais importante é o diálogo. O diálogo gera conhecimento, e o conhecimento liberta. Para mim, essa é a grande deficiência da sociedade em todos os tempos. Na época dos nossos avós, eram a ignorância, a falta de cultura, a educação baseada no autoritarismo. Na época dos nossos pais, um resquício de um pouco de cada coisa somado à vida mais corrida, com a entrada das mulheres no mercado de trabalho. Na sociedade atual, em que a informação chega a jato e é tão disseminada, também falta tempo e sobra competição, principalmente no mercado de trabalho. Nesse ponto, destaco o uso do celular, que considero excessivo. A meu ver, o tal aparelhinho veio para acabar de vez com qualquer tipo de comunicação entre os membros de uma família. E a humanidade continua a se desenvolver num ambiente hostil, desumano, cruel e sem diálogo.

Na minha avaliação, o crescente aumento nos índices de suicídio entre os jovens no Brasil e no mundo na atualidade, se dá, em parte, por causa do isolamento pessoal provocado pelo uso indiscriminado do celular, *tablet* e *notebook*. O isolamento reduz o diálogo e as possibilidades de interação e entendimento entre pais e filhos, por exemplo.

Particularmente, fico incomodado em ver carrinhos de bebês saindo da fábrica já com suporte para esses acessórios. Para mim, é surreal. Tudo isso acontece sem que as pessoas questionem se essa proximidade com os eletrônicos tão cedo possa, de alguma forma, fazer mal à saúde física, mental ou emocional dos bebês.

Para reforçar o que acabo de citar, destaco algumas informações:[49] os brasileiros são os mais conectados no mundo todo. Cerca de 50% diz ficar on-line durante todo o dia. Além disso, no Brasil, mais de 58% do tempo de conexão é gasto nas redes sociais, uma proporção maior do que em qualquer outro lugar do mundo. Segundo o Dr. Cristiano Nabuco Abreu, coordenador do Grupo de Dependências Tecnológicas do Programa Integrado dos Transtornos do Impulso (Pro-Amiti) do Instituto de Psiquiatria do Hospital das Clínicas da Faculdade de Medicina da Universidade de São Paulo, o mesmo efeito observado nos neurônios de indivíduos dependentes de álcool e drogas também aparece nos indivíduos viciados em internet. Num mundo cada vez mais conectado, esse fenômeno tem chamado

[49] SALLES, K. Cresce o número de viciados em internet, saiba como se proteger. **Boa vontade**, 15 abr. 2016. Disponível em: https://www.boavontade.com/pt/tecnologia/cresce-o-numero-de-viciados-em-internet-saiba-como-se-proteger. Acesso em: 13 mar. 2021.

a atenção de autoridades pelo planeta. No Japão, esse isolamento ganhou até uma denominação própria: *hikikomori*.[50] O termo quer dizer "estar confinado" e foi criado no ano 2000 pelo psiquiatra Tamaki Saito. A estimativa é a de que, na terra do sol nascente, mais de meio milhão de pessoas viva sem sair de casa (e isso muito antes da pandemia de covid-19). Em Hong Kong, para se ter uma ideia, o fenômeno já atinge 1,9% da população.

O problema afeta, na maioria dos casos, jovens e adultos com idades entre 14 e 25 anos, que ficam reclusos por considerar que o mundo exterior é hostil e agressivo. Para os especialistas, existe uma relação efetiva entre esses dois fenômenos. A tecnologia não chega a causar o isolamento social, mas é capaz de reforçá-lo ou até aprofundá-lo.

Conheço muitos pais que sequer pensam na possibilidade de que seus filhos estejam dependentes da tecnologia. Nem nos efeitos disso no cérebro. Para mim, esse é um debate fundamental. Conversar é imprescindível para que as pessoas se entendam e entendam o que o outro quer e pensa. A falta do exercício do diálogo pode deixar as pessoas introvertidas, introspectivas e sem interação. E digo mais: se falar já não é mais tão comum entre as pessoas, imaginem "falar com o coração".

Não é fácil, eu sei. Muitas pessoas não conseguem falar com o coração, porque, como já disse aqui, esse hábito só se torna algo fluente quando conseguimos também pensar, sentir e agir desse modo, com entrega. Quando conseguirmos exercitar essas três ações ao mesmo tempo, estaremos aptos

---

[50] GENT, E. Quem são os hikikomori, os jovens japoneses que vivem sem sair de seus quartos. **BBC**, 6 mar. 2019. Disponível em: https://www.bbc.com/portuguese/vert-fut-47441793. Acesso em: 13.mar.2021.

a falar amorosamente com naturalidade.

Neste ponto, você pode estar se perguntando: "Como é que se fala com o coração?".

É o mesmo que imprimir sentimento, transformar em palavras o pensamento, verbalizar exatamente o que se está pensando. É muito comum as pessoas pensarem uma coisa e falarem outra, às vezes, bem diferente. A maior parte das coisas que falamos não saem da nossa boca da mesma forma que foram formuladas na nossa cabeça, principalmente quando se trata de relacionamento pessoal.

Não é à toa que os discursos oficiais de presidentes da república invariavelmente são lidos e não feitos de improviso, pois, quando se está falando para muita gente, e no caso de um presidente ele fala para toda uma nação, corre-se o risco de má interpretação, podendo ocasionar consequências gravíssimas. Em resumo, expressar ou verbalizar exatamente o que se está pensando é, para mim, o mesmo que falar com o coração.

Aí, você pode perguntar: "Então é o mesmo que falar a verdade?".

Eu digo que não. Não estamos falando de uma afirmação ou um juízo de valor que você possa fazer de alguém e esteja dizendo isso com todas as letras. E nem sempre se trata de alguma verdade a ser dita, mas de coerência, de ser honesto consigo mesmo e com o outro. Mas você pode ainda argumentar que nem sempre podemos falar tudo o que pensamos. Isso pode magoar as pessoas ou causar grande mal-estar. Tudo bem, isso faz sentido, mas é aí que entra tudo que já foi dito neste livro sobre desenvolvimento pessoal, inteligência emocional, expansão da consciência, níveis evolutivos e intuição,

Se falar já não é mais tão comum entre as pessoas, imaginem "falar com o coração".

inclusive na sequência em que foi desenvolvido todo o raciocínio aqui apresentado. Na verdade, tudo pode ser dito, desde que da maneira correta, no tempo certo e na hora certa. É claro que nem todo mundo está preparado ou é instruído o suficiente para verbalizar certas coisas, pois não teve ainda a oportunidade ou o tempo evolutivo para ser capaz de algo assim. Mas o certo é que indubitavelmente todos nós alcançaremos essa capacidade, pois a paz e a harmonia definitivas só serão alcançadas pela humanidade quando todos falarem a mesma língua. O processo evolutivo de desenvolvimento pessoal que, acredito, alcançará a dinâmica do pensar, sentir, agir e falar com o coração culminará com o entendimento pleno dos homens. E o mundo será um lugar onde não existirá mais guerras, apenas paz.

A partir dessa revelação, para mim, ficou mais claro ainda que as decisões não podem ser tomadas única e exclusivamente com a racionalidade, mas sempre junto com mais dois ingredientes indispensáveis: a intuição e o coração. A intuição, sabemos, cresce com o tempo e a experiência de vida. Quanto mais liberarmos o medo da dor que habita em nossos corações, vivendo com mais leveza e sabedoria, mais forte será a nossa habilidade para intuir quais são os melhores caminhos para fazer boas escolhas. Nossos pensamentos e sentimentos determinam a química que regula a nossa saúde, ou seja, a inteligência que liga o coração físico ao coração espiritual (energético), digamos assim. Devido a essa íntima comunicação entre o cérebro e o corpo, o coração está envolvido no modo como pensamos, sentimos e respondemos ao mundo.

Uma pesquisa realizada pelo HeartMath Institute,[51] organização sem fins lucrativos focada no combate ao estresse e no melhor gerenciamento das emoções, tem confirmado o papel do coração no processamento e na decodificação de informações intuitivas. A descoberta é que o coração é o centro de nossa natureza instintiva e intuitiva – o que já era esperado. Dessa forma, na concepção dos neurocardiologistas do instituto científico, o coração é, sim, inteligente:

> *Muitas das mudanças na função corporal que ocorrem durante o estado de coerência giram em torno de mudanças no padrão de atividade do coração. Enquanto o coração é certamente uma bomba notável, curiosamente, é apenas relativamente recentemente no curso da história humana – por volta dos últimos três séculos – que a função do coração foi definida (pelo pensamento científico ocidental) como apenas a de bombear sangue. Historicamente, em quase todas as culturas do mundo, o coração foi atribuído a um papel muito mais multifacetado no sistema humano, sendo considerado uma fonte de sabedoria, percepção espiritual, pensamento e emoção. Curiosamente, a pesquisa científica nas últimas décadas começou a fornecer evidências de que muitas dessas associações de*

---

[51] ABOUT us. **HeartMath Institute**, 2021. Disponível em: https://www.heartmath.org/about-us/. Acesso em: 13 mar. 2021.

sobrevivência prolongada podem ser mais do que simplesmente metafóricas.

No novo campo da neurocardiologia, por exemplo, cientistas descobriram que o coração possui seu próprio sistema nervoso intrínseco – uma rede de nervos tão funcionalmente sofisticada que ganha a descrição de um "cérebro do coração". Contendo mais de 40 mil neurônios, esse "pequeno cérebro" dá ao coração a capacidade de perceber, processar informações, tomar decisões e até mesmo demonstrar um tipo de aprendizado e memória. Em essência, parece que o coração é verdadeiramente um sistema inteligente. A pesquisa também revelou que o coração é uma glândula hormonal, fabricando e secretando numerosos hormônios e neurotransmissores que afetam profundamente o funcionamento do cérebro e do corpo. Entre os hormônios que o coração produz está a oxitocina – conhecida como "amor" ou "hormônio de ligação".

A pesquisa também mostrou que o coração é um componente fundamental do sistema emocional. Os cientistas agora entendem que o coração não apenas responde à emoção, mas que os sinais gerados por sua atividade rítmica realmente desempenham um papel importante na determinação da qualidade da nossa experiência emocional de momento a momento. Como descrito a seguir, esses sinais cardíacos também afetam profundamente a percepção e a função cognitiva em virtude da extensa rede de comunicação do coração com o cérebro. Finalmente, estudos eletrofisiológicos rigorosos realizados no HeartMath Institute indicaram que o coração parece desempenhar um papel fundamental na intuição. Embora ainda haja muito a ser entendido, parece que as antigas associações do coração com o pensamento, o sentimento e o discernimento podem de fato ter uma base na ciência.

Diferentemente do que a maioria de nós aprendeu na escola, o coração está constantemente respondendo pelo cérebro na forma de sinais neurais.

O estudo citado nos leva a concluir que esses sinais cardíacos têm uma influência relevante na função do cérebro, influenciando o processamento emocional e até mesmo as faculdades cognitivas superiores, tais como atenção, percepção, memória e resolução de problemas. Enfim, o coração responde a todo o organismo humano, pois bombeia sangue para todos os órgãos do corpo. E o cérebro responde continuamente ao coração, além das funções vasculares.

Quando o padrão do ritmo cardíaco é irregular e desordenado, o que ocorre durante os momentos de estresse, o padrão equivalente de sinais neurais trafegando do coração para o cérebro inibe as funções cognitivas superiores. Daí ficarmos, nessas circunstâncias, com a capacidade de pensar com clareza, aprender, lembrar e tomar decisões coerentes limitada. Já um padrão mais ordenado e estável da entrada do coração no cérebro, quando estamos em estado emocional positivo, causa o efeito contrário, ou seja, facilita a função cognitiva e a estabilidade emocional. Concluindo, devemos aprender a manter as emoções positivas e gerar maior coerência no ritmo cardíaco, pois isso vai beneficiar todo o corpo, além de mudar radicalmente a forma como percebemos, pensamos, sentimos e agimos.

Capítulo 8

"A necessidade de ter certeza é o que silencia a voz intuitiva. Sentado na incerteza nos faz sentir ansiosos, vulneráveis e com medo. Começamos a procurar validação fora de nós, em vez de confiar no que vem por aí."

Brent Brown

Intuição

A intuição[52] é fundamental nas nossas vidas – mesmo que tanta gente não faça ideia do que isso se trata. Estamos falando da capacidade de prever, de adivinhar um evento futuro. No processo de autoconhecimento, a intuição é a via de entrada para o conhecimento superior e para uma existência plena, satisfatória, sem esforço e pacífica. A avalanche de informações à qual somos diuturnamente bombardeados transforma as nossas ilimitadas possibilidades em uma pequena realidade. A meu ver, tanta pressão prejudica a nossa intuição. Quanto mais envolvidos estamos com o ritmo da vida atual, mais precisamos dessa âncora, desse porto seguro.

Na minha juventude, cresci sabendo que intuição era algo inerente às mulheres. Ouvia sempre minha mãe falar que a mulher possui um tal sexto sentido e o homem não. Essa crença está impregnada no inconsciente

---

[52] INTUIÇÃO. DICIO, Dicionário Online de Português. Porto: 7Graus, 2020. Disponível em: https://www.dicio.com.br/intuicao/. Acesso em: 13 mar. 2021.

coletivo da humanidade, mas, para mim, todo ser humano, seja homem ou mulher, possui esse dom ou poder sensorial. Sabendo disso, podemos dizer que a intuição é uma forma de conhecimento que está dentro de todos nós, apesar de nem todas as pessoas terem essa consciência e saberem utilizá-la. E é por causa disso que sinto a necessidade de dar uma atenção especial a essa função psicológica inata.

Diante dessas considerações iniciais, achei por bem esclarecer o que é, de onde vem e como se manifesta essa percepção sensorial.

Tipos psicológicos

> **"Esses quatro tipos funcionais correspondem aos recursos óbvios através dos quais a consciência obtém sua orientação para a experiência."**
>
> *Carl Gustav Jung*

Ainda no entendimento da percepção, devemos considerar que os tipos psicológicos constituem um sistema de combinações entre atitudes e funções.

Em 1921, Jung publicou a obra *Tipos psicológicos*,[53] que foi o resultado de um de seus estudos mais importantes no que tange à personalidade

---

[53] HALL, C. S; NORDBY, V. J. **Introdução à psicologia junguiana**. São Paulo: Cultrix, 2003.

humana. Um trabalho que identificou um dado número de manifestações psicológicas básicas e desvendou a forma pela qual essas manifestações se combinam para a determinação do caráter de uma pessoa.

O estudo feito por Jung compreende as quatro funções psicológicas:

* Pensamento;
* Sentimento;
* Sensação;
* Intuição.

Jung as dividiu em dois grupos:

* Irracionais (percepção): sensação e intuição;
* Racionais (julgamento): pensamento e sentimento.

O pensamento é uma função psicológica que promove a concatenação das ideias, umas às outras, para que se possa fazer um juízo de valor ou chegar à solução de algum problema. Suas principais características são: a lógica, a racionalidade, a objetividade e a procura pelos resultados.

O sentimento é avaliador, seu objetivo se resume em aceitar ou rejeitar uma ideia, classificando-a como agradável ou desagradável. Suas principais características são: a afetividade, a conciliação, o zelo por sua subjetividade e seus relacionamentos emocionais com as pessoas.

Aqui cabe um esclarecimento muito importante sobre a diferença entre sentimento e emoção, na definição de Goswami:

> *Quando digo sentimento puro, refiro-me a um sentimento sem qualquer significado atribuído a ele pela mente – um sentimento sem pensamento. Essa é a distinção mais importante entre emoção e sentimento. Emoção é sentimento mais pensamento, é sentimento mais o significado que lhe é atribuído. Era a isso que Jung queria chegar quando formulou a ideia de que há quatro tipos diferentes de experiência pura.*[54]

A sensação é uma percepção sensorial periférica de todas as experiências conscientes produzidas pelos órgãos dos sentidos: visões, ruídos, cheiros, paladares e todas as sensações também originadas no interior do nosso corpo. As suas principais características são: a utilização dos cinco sentidos, a percepção de algo concreto, o senso da realidade e a realização. Tudo diretamente ligado ao aqui e agora.

A intuição não requer nenhum juízo, já que a pessoa não sabe a sua origem. É uma função mais conhecida como percepção extrassensorial. Suas principais características são: imaginação, visão de futuro, forte criatividade e facilidade para enxergar novas possibilidades, que são tão bem explicadas no livro *Consciência quântica*:

> *O psicólogo Carl Jung descreveu quatro categorias de personalidade: sensação, sentimento, pensamento e intuição.*

---

[54] GOSWAMI, A. **Consciência quântica**: uma nova visão sobre o amor, a morte e o sentido da vida São Paulo, Goya, 2018.

*No processo de
autoconhecimento,
a intuição é a via
de entrada para o
conhecimento superior e
para uma existência plena,
satisfatória, sem esforço
e pacífica.*

> *Entendidas no contexto da base de consciência, essas personalidades podem delinear quatro mundos diferentes de possibilidades: possibilidades materiais, que percebemos sensorialmente quando as tornamos concretas; possibilidades vitais, que sentimos; possibilidades mentais, que pensamos; e possibilidades supra mentais, que intuímos. Quando manifestamos possibilidades ao fazer escolhas, criamos uma experiência.*[55]

Portanto, a sensação nos diz que uma coisa existe, o pensamento o que é essa coisa. Já o sentimento nos informa se a coisa é agradável ou não, e a intuição de onde ela vem e para onde ela vai. Todos nós temos essas quatro funções psicológicas, sendo que, cada pessoa as desenvolve, hierarquicamente, de formas diferentes. Assim, cada um de nós tem a função principal (a mais confortável), a auxiliar, a terciária e a inferior (a que requer algo a mais de nós e consiste na atuação da chamada sombra). Segundo Jung, a sombra é considerada o arquétipo que envolve todos os aspectos contidos em nossa personalidade. É tudo aquilo que nos recusamos a reconhecer, pois a sombra é o conteúdo de todas aquelas tendências que julgamos ser inaceitáveis.

Além dessa base do entendimento de como somos e de como lidamos conosco e com os outros, a intuição se sustenta sob cinco pilares:

---

[55] GOSWAMI, A. **Consciência quântica**: uma nova visão sobre o amor, a morte e o sentido da vida São Paulo, Goya, 2018.

confiança, conexão, aceitação, integridade e inocência. Isso segundo as ideias da pesquisadora Azriel Re'Shel, especialista no assunto: "Esses pilares estão todos interligados e são muito parecidos com ramos de uma árvore, se juntam como um todo para criar a magia da intuição".[56]

Vamos conversar brevemente sobre cada um desses cinco pilares, para que se tenha uma melhor compreensão de como se comporta a intuição e como se pode tirar o melhor proveito dessa importante percepção sensorial.

O pilar da confiança é o mais importante: pois quanto mais você confia e age (antes de duvidar de si mesmo), mais a sua intuição crescerá. Muitas vezes perdemos oportunidades incríveis na vida porque não confiamos na nossa intuição. Isso acontece quando você tem uma ideia genial, tem condições de executar o plano e não o faz. Algum tempo depois, descobre que alguém levou o projeto adiante e se deu muito bem. Será que isso já lhe aconteceu?

Já o da conexão requer a interiorização consigo mesmo, por meio do silêncio, para assim obter a paz interior e, desse modo, acessar um fluxo de consciência que fará florescer a criatividade intuitiva. Distrair a mente ajuda. A prática diária da meditação ajuda a desenvolver esse importante pilar.

E, por falar em desenvolvimento, a nossa aceitação sem subterfúgios é o que se deseja para alcançar o mais fundo do autoconhecimento. Algumas técnicas podem ser utilizadas para nos encontrarmos com o nosso *self*, por exemplo, ficar em silêncio, diariamente, por cinco minutos com as mãos sobre o coração. Faça isso apenas observando e sentindo

---

[56] RE'SHEL, A. The Five Pillars of Intuition. **Uplift**, 10 maio 2016. Disponível em: https://upliftconnect.com/the-five-pillars-of-intuition/. Acesso em: 20 abr. 2021.

as suas sensações físicas, os seus pensamentos e as suas emoções. Esta prática, gradativamente, o aproximará da autoaceitação sem medos e sem traumas. Tudo isso o conduzirá a uma maior confiança, favorecendo assim o despertar da capacidade intuitiva.

Ser autêntico e coerente, prioritariamente consigo mesmo, é manter a própria integridade, pois quando isso não acontece, estamos permitindo que o ego se sobreponha e nos domine completamente. Por isso, ser real e autêntico consigo mesmo é a forma de estrangular o nosso ego na intuição.

A consequência dessa *conexão* profunda e autêntica consigo mesmo é a porta de entrada para a inocência. Boa parte desse processo intuitivo que desenvolvemos acontece na espontaneidade infantil que todos nós temos. Por isso, devemos sempre exercitar soltar a criança que está dentro de nós. Este é o principal exercício nos cursos de formação de palestrante que fiz no Instituto Gente, de treinamentos variados. Para ser um palestrante de sucesso, é preciso se libertar do medo que o impede de seguir adiante. Essa neura geralmente está atrelada à nossa sombra. O matemático e filósofo Blaise Pascal[57] definia a intuição como o resultado da capacidade da mente de fazer muitas coisas ao mesmo tempo, por meio das infinitas conexões inconscientes que permitem à mente consciente fazer escolhas. Já Jung tinha a seguinte percepção sobre o conhecimento intuitivo: "Cada um de nós tem a sabedoria e o conhecimento que necessita em seu próprio interior".

---

[57] Blaise Pascal. **Instituto Blaise Pascal** 2009-2021. Disponível em: http://www.institutopascal.org.br/visao/institucional/blaise-pascal.php. Acesso em: 14 mar. 2021.

Segundo a psicóloga Virginia Marchini, fundadora do Centro de Desenvolvimento do Potencial Intuitivo, de São Paulo, etimologicamente, a palavra intuição vem do latim *intueri*, que significa considerar, ver interiormente ou contemplar.[58] Ela afirma que aprender a confiar na intuição é um grande desafio, pois o senso comum ainda considera a intuição um conhecimento de risco. Mesmo estando a mente intuitiva aberta às respostas inovadoras e não dogmáticas.

Essa inteligência intuitiva também encontra resistência nas pessoas com baixa autoestima, pelo fato de essas desconfiarem de tudo que venha do seu interior. A referida psicóloga ainda afirma que a intuição pode ser desenvolvida por meio de técnicas, tais como: o treino da habilidade no uso de imagens e símbolos, a aquisição de uma postura mais reflexiva e o desenvolvimento da autoconfiança.

O pensamento intuitivo surge, geralmente, de uma forma muito especial. Pode ser por meio de uma sensação como um frio na barriga ou na coluna, um calafrio ou até mesmo um tremor nos joelhos.

Portanto, a criatividade e a intuição, geralmente, surgem nas pessoas quando elas estão desfrutando a vida, quando estão se divertindo. É muito raro ela surgir quando existe sofrimento ou negatividade ou mesmo durante alguma exploração intelectual.

Dessa forma, à medida que a autoconfiança e o autoconhecimento permitam ao indivíduo separar a intuição dos seus medos e desejos, a

---

[58] O QUE é intuição? **Superinteressante**, 31 out. 2016. Disponível em: https://super.abril.com.br/comportamento/o-que-e-intuicao. Acesso em: 14 mar. 2021.

confiança na intuição aumenta. É o que acontece com a experiência e a maturidade do nosso processo evolutivo, como esclarece Amit Goswami:

> *Quando exploramos a intuição, estamos explorando o que há de mais avançado na evolução. Do ponto de vista da consciência, a evolução não é a evolução da matéria, como acreditava Darwin. É a evolução das representações materiais da consciência e de suas potencialidades sutis. O vital é representado primeiro – a evolução da vida, desde uma célula singela até os seres humanos.*[59]

Para mim, não há outra opção senão desenvolver essa percepção sensorial, pois ela nos possibilitará evoluir em nossas vidas, bem como revelar os atalhos que contêm as chaves para a nossa felicidade.

Juan O'Keeffe, em seu blog *Evolução pessoal*, afirma que podemos desenvolver a intuição observando três dicas importantes: lembre, pergunte e experimente: "Lembre-se de alguns eventos no seu passado onde você não ouviu a sua intuição e deu errado. Reconhecer quando a sua intuição procurou avisá-lo no passado ajudará você a reconhecer quando voltar a avisar no futuro".[60]

Quando você precisar decidir alguma coisa, pergunte à sua intuição qual a sua sugestão. Por exemplo: "Devo fazer A ou B?". Então, deixe a sua

---

[59] GOSWAMI, A. **Consciência quântica**: uma nova visão sobre o amor, a morte e o sentido da vida. São Paulo: Goya, 2018.

[60] O'KEEFFE, J. O que é uma pessoa intuitiva (e como ser uma)? **Evolução pessoal** [s. d.]. Disponível em: https://www.evolucaopessoal.com.br/o-que-e-uma-pessoa-intuitiva-e-como-ser-uma. Acesso em: 14 mar. 2021.

A criatividade e
a intuição, geralmente,
surgem nas pessoas
quando elas estão
desfrutando a vida,
quando estão se divertindo.

intuição responder para você. Não uma resposta racional. Mas um sentimento. Uma sensação do melhor caminho a ser seguido".

Faça alguns testes com a sua intuição. Comece utilizando-a para fazer escolhas mais simples para testá-la. Assim, desenvolva confiança para utilizá-la em decisões mais importantes no futuro.

Capítulo 9

"A gratidão tem memória curta."

Benjamin Constant

Gratidão

Atualmente é muito comum vermos as pessoas falarem em gratidão. Já li livros, artigos, mensagens e muitos vídeos de palestrantes falando sobre o tema. Esses palestrantes nos orientam e aconselham a sempre sermos gratos e introduzirmos em nossa vida o hábito de agradecer por tudo.

Quando crianças, nossos pais nos ensinam as três palavrinhas mágicas: obrigado, por favor e com licença. Dizem que esses termos abrem todas as portas ao longo da nossa vida.

Realmente, quando usamos essas palavras para interagir com os nossos interlocutores, é natural que nos tratem bem, sejam gentis e nos facilitem as coisas. De certa forma, as portas são abertas mais facilmente, pois educação gera confiança. Ter gratidão, no entanto, é algo muito mais amplo do que a forma como estamos usando esse atributo hoje em dia. Não é nada mecânico, que você aprende a fazer e começa a praticar continuamente. Não, precisa ter motivação, sentimento e, principalmente, essência. É como a diferença entre fazer o bem e ser bom. Você pode ajudar as pessoas como um político que doa cestas básicas, por exemplo. Essa atitude é meramente filantrópica. Você está fazendo uma boa ação, mas isso não quer dizer que seja intrinsecamente bom. Existe uma grande diferença entre fazer o bem e ser bom. E o que precisamos é ser integral e sinceramente bons.

Com a gratidão, é a mesma coisa. Precisamos exercitar até que ela passe a ser um sentimento real, sincero e espontâneo. Expressões sinceras e frequentes nesse sentido geram consequências e fatos superpositivos para ambas as partes, ou seja, para quem a manifesta e para quem a recebe, em função da sua capacidade de produzir uma corrente de emoções positivas. Quando você sente que não lhe custou absolutamente nada agradecer a alguém por algum favor ou trabalho, esse sentimento é verdadeiro, é sincero.

O maior teste para mensurar o valor da gratidão na sua vida é quando você já consegue agradecer pela coisas ruins e não apenas pelas boas. É muito fácil agradecer pelas bênçãos, difícil é ser grato na dificuldade, na doença, nos momentos de turbulência, ou seja, em tempos duros.

Aprendi, na minha experiência de vida, que não há um mal que não traga um bem. Que depois da tempestade sempre vem a bonança e que tudo na vida é cíclico. Também compreendi que, pela lei das probabilidades e levando em consideração essa ciclicidade da vida, ninguém vive uma existência inteira no fundo do poço e muito menos em céu de brigadeiro. Em toda situação, por pior que ela seja, há sempre pelo menos duas ou

Aprendi, na minha
experiência de vida,
que não há um mal que
não traga um bem.
Que depois da tempestade
sempre vem a bonança
e que tudo na vida é cíclico.

mais soluções. Na medida que vamos exercitando a gratidão, passamos a enxergar essas soluções que não enxergávamos antes. Uma técnica infalível para percebermos as tais soluções é deixar de olhar apenas para o nosso próprio umbigo e passarmos a dar atenção ao próximo. Aquele que, muitas vezes, está do nosso lado passando por uma situação muitas vezes pior do que a que estamos enfrentamos e que, muitas vezes, temos condições de ajudar. Dessa forma, saindo do olho do furacão e observando de fora as questões do outro, o nosso dilema vai se tornar tão pequeno que vamos enxergar não apenas uma, mas várias soluções. A partir daí, você vai encontrar motivo para agradecer por todas as coisas. Tanto as boas quanto as más.

A respeito desse olhar ou seguindo essa linha de raciocínio, tenho a impressão de que já me sinto capaz de responder um questionamento muito recorrente: "Qual o segredo da felicidade?". Ou: "Onde está a felicidade?".

A resposta, a meu ver, é mais simples do que se possa imaginar: na gratidão! Simples assim.

Invariavelmente, as pessoas agradecidas são felizes! Você pode fazer uma enquete e chegará a essa conclusão. Senão vejamos:

A medida da nossa felicidade depende do tamanho da nossa satisfação com as coisas que temos ou conquistamos. Uma vez, assisti a uma palestra do filósofo Leandro Karnal sobre felicidade, em que ele dizia que, no começo da sua ascensão, recebia convites e fechava contratos para dar palestras, por exemplo, na China, voando até lá na classe econômica. Nas primeiras viagens, apesar da grande distância e do cansaço do longo trajeto, ele chegava muito feliz e disposto, louco para começar a trabalhar. Com o aumento da notoriedade e do cachê cobrado, passou a viajar em classe executiva, pois na econômica a viagem era muito sofrida, cansativa, desconfortável. Ele já não chegava ao destino com o mesmo nível de satisfação. Então, com o tempo e mais sucesso na carreira, passou a exigir acomodação na primeira classe, pois a executiva já não lhe atendia mais. O que isso quer dizer?

Que, como tudo na vida, o conceito de felicidade também é relativo. Quando deixamos a mente comparar ou relativizar, nunca estaremos satisfeitos com nada. Citei o exemplo de Leandro Karnal porque foi o que me veio à mente, mas, na verdade, isso ocorre com todo mundo. O ser humano nunca está satisfeito com o que tem ou com o que é. Está sempre querendo mais, em muitos aspectos da vida. Essa ânsia e ambição desenfreada só acaba ou ameniza a partir do momento que aprendemos a agradecer pelo que temos e aceitar melhor o que não temos. Aí passamos a nos sentir felizes e de bem com a vida.

Daí o fato de se associar, fortemente, essa força à felicidade, pois ela contribui para que possamos nos conectar a algo maior do que nós mesmos, que pode ser a outras pessoas, à natureza ou a um poder superior. Assim, a nossa mente para de comparar. Para alcançar esse modelo mental, é preciso cultivar o poder da gratidão. Em vez de ficar pensando que a mansão do amigo é que é uma casa de verdade, passe a agradecer o fato de ter um teto seu para morar e dormir todos os dias, lembrando que muita gente não dispõe desse conforto. Na hora de comer, em vez de reclamar que a comida está ruim ou ficar desejando a comida do outro, agradeça pelo fato de você ter o que comer enquanto tantos milhões pelo mundo não têm. E não se esqueça de agradecer antes das refeições. Um hábito maravilhoso que as famílias de antigamente tinham e que se perdeu. Agradecer sempre concorda com a chamada Lei Universal da Atração:[61] o semelhante atrai o semelhante, o semelhante produz o semelhante. Assim, colheremos o que semearmos, às vezes quase imediatamente, outras vezes depois de um longo período. Mas, indubitavelmente, cedo ou tarde, o semelhante produz o semelhante. Para mim, faz todo o sentido.

Portanto, fazer a sua oração particular, diariamente, agradecendo pelo simples fato de estar vivo, pelo ar que respira, pelas roupas que veste, pela cama que dorme, pelo teto que o protege, pelo alimento que come e por ter tido a oportunidade de acordar para viver mais um dia de sua vida, seguramente, vai trazer a você um nível de felicidade indescritível.

Você vai ver a vida por outro prisma e fazer as pessoas ao seu redor também se sentirem mais felizes e satisfeitas: a gratidão contagia, da mesma forma que o amor. Os dois sentimentos têm o mesmo sinal (positividade) e um retroalimenta o outro, ou seja, quanto mais grato você for, maior a sua capacidade de amar o próximo e vice-versa.

---

[61] REDAÇÃO João Bidu. Lei da Atração: 9 passos para você usar o poder da mente. **Terra**, 25 ago. 2020. Disponível em: https://www.terra.com.br/vida-e-estilo/horoscopo/lei-da-atracao-9-passos-para-voce-usar-o-poder-da-mente,5ae28da04e08797b687d234783b3c67cx24vd74n.html. Acesso em: 14 mar. 2021.

Agradecer sempre concorda com a chamada Lei Universal da Atração: o semelhante atrai o semelhante, o semelhante produz o semelhante. Assim, colheremos o que semearmos, às vezes quase imediatamente, outras vezes depois de um longo período.

Capítulo 10

"Porque nas faculdades de medicina os estudantes aprendem somente a tratar as doenças, sem preocupação com a prevenção. Os professores das universidades ensinam o que aprenderam com seus antigos mestres. Não ensinam que a esteatose hepática pode ser revertida, que uma placa de ateroma pode diminuir ou até desaparecer, que as artérias

enrijecidas podem se tornar elástica, que temos meios de diminuir o volume da próstata sem cirurgia, que não existe depressão refratária e que tumores não responsivos à quimioterapia, radioterapia e cirurgia ainda têm grande probabilidade de regredir etc."

Dr. Edmond Saab Jr.

Autocura

Desde muito cedo, passei a acreditar em autocura. Quando ainda era adolescente, assisti a um filme de ficção/aventura em que o protagonista era um espião com poderes mentais superdesenvolvidos. Não lembro mais o título nem quem era o intérprete do protagonista, mas me lembro muito bem de uma cena em que ele é jogado dentro de um lago com as mãos e os pés amarrados. Ao tocar o fundo do lago, ele começa a dar comandos mentais para o seu cérebro. Dá ordem para os batimentos cardíacos diminuírem sensivelmente, estabiliza a pressão sanguínea, a frequência cardíaca e outras funções do seu corpo para consumirem o mínimo de oxigênio possível, até que consiga se desvencilhar das cordas e voltar à superfície.

Desde criança, assisto a filmes de ficção como *Viagem ao fundo do mar*, *Perdidos no espaço*, *2001 – uma odisseia no espaço*, *Perdido em Marte*. Hoje sei que muitas das tecnologias que, na época, não passavam de uma longínqua ficção se tornaram realidade, como é o caso do celular, da videoconferência, dos telescópios que viajam milhões de quilômetros no espaço e enviam imagens de planetas e até de outras galáxias.

Portanto, a minha lógica me diz que as habilidades do homem no fundo do lago também farão parte do cotidiano da humanidade num futuro próximo. Isso já é realidade para uma parcela mínima da humanidade, que está preocupada em fazer o nivelamento da consciência espiritual com a cognitiva ou intelectual, mas ainda não para a maioria dos seres humanos devido a essa defasagem, essa desconexão de corpo-mente-espírito que ocorreu ao longo da história da humanidade. O processo da autocura exige esse alinhamento, o equilíbrio físico, mental, espiritual e emocional.

Para se estabelecer esse equilíbrio ou alinhamento, faz-se necessário desenvolvermos por igual esses quatro espectros da natureza humana. Portanto, o controle da mente, conforme vi no filme, é, na minha opinião, possível. Guardadas as devidas proporções, o meu caso sobre a redução substancial do meu grau de miopia também faz parte do mesmo processo de autocura. E tenho outros exemplos meus para citar.

Desde a minha época de atleta, lá pelos 18 anos, sofria com uma séria escoliose. Numa determinada fase da vida, já casado, passei a dormir em rede, pois na cama sentia dores e não encontrava posição cômoda. Durante quase vinte anos foi assim, dormindo na rede todas as noites. Durante oito anos, viajando a trabalho praticamente toda semana, era um suplício: levava sempre uma rede comigo e só me hospedava em hotel ou pousada que tivesse armador para rede. Quando viajava a passeio ou férias, era mais difícil ainda, pois, ao invés de desfrutar de camas confortáveis, tinha noites maldormidas. Ficar de pé por mais de trinta ou quarenta minutos também era muito incômodo. Resolvi, então, pôr fim a todo esse sofrimento! Ora, eu já havia tido bons resultados com a sensível melhora da miopia, por que não curar esse problema na minha coluna?

Então comecei a fazer um exercício de mentalização buscando resolver o meu problema. Simultaneamente, passei a dormir na cama como uma espécie de desmame. Inicialmente uma vez por semana, depois duas, três, até conseguir permanecer lá todas as noites. Assim, acabei com a minha dependência da rede definitivamente. Há mais de quinze anos, estou totalmente curado.

O mais interessante e curioso, o que me estimulou a escrever este livro, foi a minha experiência de trinta e oito anos sem adoecer. E quando falo em adoecer, significa não ter nem gripe. Muito raramente um leve resfriado. Só para ficar mais claro, existe uma diferença entre gripe e resfriado, que eu mesmo só vim descobrir depois que comecei a estudar mais sobre saúde, nutrição, alimentação saudável e medicina natural. Bem, a diferença é que o resfriado se resume a alguns espirros, uma leve coriza que eu resolvia com chás a base de ervas naturais. Já a gripe, além dos sintomas do resfriado, também adiciona a tosse, o estado febril, o corpo mole, tirando a pessoa de combate. E isso nunca aconteceu comigo depois dos meus 18 anos, quando adoeci pela última vez, de pneumonia.

Foi praticamente às vésperas do Carnaval que adoeci e perdi a festa. No auge da minha juventude, com os hormônios a mil, cheio de energia e aquela fissura para aproveitar a folia como qualquer outro jovem, fiquei para morrer, né? Então, prometi para mim mesmo que nunca mais adoeceria enquanto vivesse. Promessa feita, promessa cumprida. Há trinta e oito anos não adoeço nem tomo mais qualquer tipo de remédio, ao contrário da maioria das pessoas da minha idade, que toma diariamente para manter suas taxas em dia. Jamais faltei ao trabalho durante todo esse tempo por doença e, só para não cair em contradição, devo acrescentar aqui que, em meio à pandemia de covid-19, mais precisamente em 15 de novembro de 2020, um domingo de eleições, precisei socorrer a minha mãe de 86 anos, levando-a para o hospital por ter contraído a famigerada doença. Nessa ocasião, os leitos de UTI reservados à covid-19 estavam lotados e tivemos que aguardar um dia e meio na urgência por uma vaga para minha mãe. Passei todo esse tempo ao lado dela, inclusive ajudando-a a se levantar da cama e ir ao banheiro. O fluxo de pessoas que chegavam para fazer o teste para covid-19 era intenso. Assim acabei, em algum momento, dentro do hospital, contraindo o vírus. Entretanto, fiquei praticamente assintomático e só confirmei que estava positivado porque, devido a essa exposição toda ao vírus tive que fazer o teste PCR. Foi a única vez na vida que me afastei do trabalho por duas semanas, não porque padeci ou fiquei enfermo, mas simplesmente para não transmitir a infecção para outras pessoas. A doença não abalou em nada a minha saúde e, durante o período de isolamento, não tomei nenhum tipo de remédio químico. Após esse período, voltei a trabalhar normalmente e a praticar atividades físicas aos poucos. Hoje, quatro meses depois de sair da infecção, estou plenamente saudável, praticando

O processo da autocura exige esse alinhamento, o equilíbrio físico, mental, espiritual e emocional.

todas as atividades físicas e de trabalho normalmente. Fiz recentemente o exame para verificar o nível de IgG, e minha imunidade permanece bem alta. Isso não é uma mera coincidência. Talvez você não ache extraordinário isso tudo que acabei de contar, sobretudo se ainda é jovem e não começou a depender de remédios diariamente. Mas deixe-me mostrar, em números, o que ocorre com as pessoas por aí.

Segundo informações da Associação Nacional de Medicina do Trabalho (Anamit),[62] os transtornos mentais e comportamentais são a terceira causa de incapacidade para o trabalho, o que equivale a 9% da concessão de auxílio-doença e aposentadoria por invalidez.

E isso não é tudo: os episódios depressivos são a principal causa de pagamento de auxílio-doença não relacionado a acidentes de trabalho, respondendo por 30,67% do total, seguido de outros transtornos ansiosos (17,9%).

Quando falo de saúde, estou me referindo à saúde em sua totalidade: física, mental, espiritual e emocional. Muito cedo, aprendi que o corpo só é são se a mente é sã. E a mente só é sã quando desenvolvo as minhas inteligências espiritual e emocional. É aí, na minha opinião, que reside o grande segredo da criação.

Quando entendi tudo isso, comecei a perceber que as coisas estão interligadas e que essa performance tão sonhada por mim só seria possível

[62] ASSOCIAÇÃO Nacional de Medicina do Trabalho. Transtorno mental é a 3ª causa de afastamentos do trabalho. **Anamt**, 26 out. 2017. Disponível em: https://www.anamt.org.br/portal/2017/10/26/transtorno-mental-e-a-3a-causa-de-afastamentos-de-trabalho/. Acesso em 14 mar. 2021.

se começasse a levar a sério quatro hábitos que já havia implementado na minha vida a título de experiência. Acontece que essa experiência estava dando resultados positivos. Ainda tímidos, mas perceptíveis.

Há tempos, eu vinha fazendo valer uma alimentação saudável. Aqui abro um parêntese para agradecer à minha ex-esposa, mãe das minhas filhas, que sempre zelou pela nossa alimentação e, assim, facilitou o caminho para que eu passasse a gostar de determinados alimentos.

Além disso, pratico exercícios físicos como a corrida de rua e o basquete, e faço exercícios de mentalização diariamente.

Nessa etapa, eu já tinha consciência de que a meditação é muito importante para alcançar a saúde mental. Já havia praticado, mas, durante certo tempo, entrei numa zona de conforto e parei. Então, me conscientizei de que, sem esse hábito, não alcançaria o meu objetivo e voltei a essa prática.

Apesar disso tudo, minha vida continuava travada em certos aspectos primordiais, como o financeiro. Foi quando, por meio dos livros, como sempre, a minha ficha caiu ao descobrir o poder da gratidão e do perdão.

Convenci-me de que precisava perdoar a toda e qualquer pessoa que, de alguma forma, tenha me ofendido e, ao mesmo tempo, ser suficientemente humilde para pedir perdão a todos aqueles que por acaso eu tivesse ofendido. Não tive dúvida e comecei a procurar os meus ofensores e ofendidos. Foi a melhor coisa que fiz na vida. Tirei um peso extraordinário das costas. Fiquei leve, suave e me senti extraordinariamente bem.

Depois disso, só faltava uma coisa para mudar completamente a minha vida: vibrar vinte e quatro horas por dia na gratidão. Eu já me considerava uma pessoa bastante agradecida, mas nem sempre me lembrava de agradecer pelas coisas que me aconteciam. Eu mudei, e a minha vida mudou. Entrei num ciclo virtuoso maravilhoso e não quero experimentar essa maravilha sozinho. Seria muito egoísmo da minha parte não compartilhar isso com as outras pessoas, quebrando esse ciclo virtuoso.

Desenvolvi um método para ajudá-lo a alcançar a sua melhor versão e, sendo assim, a vida plena. Esse método é composto por quatro passos:

1. Alimentação saudável;
2. Reprogramação do subconsciente;
3. Exercícios físicos diários;
4. Prática diária da gratidão.

Então, vamos falar de cada passo a partir de agora para que você possa tirar o máximo proveito desse método que transformou a minha vida. E também pode transformar a sua.

Você não é obrigado a concordar comigo em nada. Não sou, nem quero ser, nenhum dono da verdade. Você é totalmente livre para escolher o que seguir ou em que acreditar. Após ler sobre o método, e se achar que deve experimentar, vá em frente. No final, se achar que não vale a pena, fique à vontade para seguir seu caminho como se nada tivesse acontecido.

Alimentação saudável

O que observamos com bastante frequência atualmente são pessoas na minha faixa de idade, ou seja, em torno dos 56, 57 anos, usando remédio para diabetes, gastrite, hipertensão, anti-inflamatório para dores articulares e/ou analgésicos para cefaleias.

Por que essas pessoas estão assim? Possivelmente não foram orientadas por seus médicos a implementar alterações de hábitos diários acerca de sua alimentação, por exemplo. Hábitos que ajudassem a equilibrar o organismo, eliminando a doença. Para ajudá-lo a entender o que quero dizer com alimentação saudável, o meu conceito nesse campo está mais para o bom senso do que para o radicalismo. Há quem diga que uma alimentação realmente saudável é aquela que elimina a proteína animal. Pessoalmente, estou na transição. Diminuí bastante a proteína animal, que só consumo duas vezes por semana. Esse, para mim, deve ser o primeiro passo para uma mudança de hábito alimentar.

Conforme estudo[63] publicado em agosto de 2019 no periódico *JAMA International Medicine* e que analisou 70.696 indivíduos que vivem no Japão, com idade média de 56 anos, quem consumia 14% do total de calorias diárias provenientes de proteínas, sendo 8% vegetal e 6% animal, tiveram risco 13% menor de morte por qualquer causa e 27% menor de morte por doenças cardiovasculares quando comparado com o grupo que consumia 9% de proteína animal e somente 5% de vegetal.

---

[63] SAAB Jr., E. **Os segredos da longevidade**: um verdadeiro manual para ser saudável e viver mais por meio da alimentação, da medicina preventiva e do equilíbrio do seu organismo. Porto Alegre: Citadel, 2019.

Cuide de seu aparelho digestivo

Dentro dessa linha de estudos e tendo como base a referência anterior, o livro de Edmond Saab Junior, digo a você que é muito importante comer fibras por meio da ingestão de carboidratos complexos, tais como nozes, vegetais, feijão, arroz integral, aveia e milho. Recomendo que você coma cada prato com calma, em pelo menos dez minutos, começando pelos vegetais crus, pois o hormônio da saciedade, a colecistoquinina, demora um pouco para ser produzido.

A presença das fibras solúveis no estômago e no intestino delgado é de suma importância, já que são elas que modulam o tempo da digestão, facilitando a absorção dos nutrientes. Já as fibras insolúveis aceleram o funcionamento do intestino e contribuem com o aumento do bolo fecal.

Alimentos ricos em **fibras solúveis**:

* **Cereais:** aveia, cevada, chia, linhaça, farelo de arroz, soja;
* **Frutas:** maçã, limão, banana, laranja, morango;
* **Legumes:** couve-flor, batata, batata-doce, cenoura;
* **Leguminosas:** feijão, ervilha, lentilha.

Alimentos ricos em **fibras insolúveis**:

* **Grãos:** feijão, soja, lentilha;
* **Cereais integrais:** arroz, centeio, trigo, farelos;
* **Vegetais e talos de vegetais:** brócolis, couve-flor, verduras folhosas;
* **Frutas:** cascas, bagaços.

E a mente só é sã
quando desenvolvo
as minhas inteligências
espiritual e emocional.
É aí, na minha opinião,
que reside o grande
segredo da criação.

Sou fã de Saab Junior e aprendi com ele que o segredo da nossa saúde está justamente em cuidar muito bem do nosso sistema digestivo, desde o esôfago até o intestino grosso. A renovação das células da mucosa intestinal é feita a cada dois dias, e essas mucosas são bem fechadas, funcionando como filtro. O grande problema que ocorre quando nos alimentamos de qualquer forma é que esses alimentos inadequados alteram a permeabilidade dessa mucosa, aumentando o espaço entre as células, que passam a não filtrar com eficiência, deixando passar bactérias inteiras, metais tóxicos, fungos e até partes de alimentos que ainda não foram totalmente digeridos, causando inflamações e doenças indesejáveis.

Para ajudar, destaco quatro cuidados importantes para evitar que isso ocorra:

1. Ingerir alimentos, de preferência crus, ricos em enzimas;
2. Mastigar bastante;
3. Não ingerir água, refrigerante ou qualquer líquido junto com a refeição, pois vai estar diluindo o ácido clorídrico e inibindo a acidez necessária para quebrar as moléculas dos alimentos;
4. Controlar o estresse crônico, pois a adrenalina gerada por ele vai reduzir a produção do suco gástrico (ácido clorídrico) e consequentemente das enzimas digestivas.

Beba água o tempo todo

Quase todo mundo sabe a importância da água para o nosso organismo e que o nosso corpo é formado por 70% dessa substância. Entretanto, poucas pessoas bebem o suficiente para suprir suas necessidades diárias.

Ainda citando Saab Junior, explico que sentir sede, perceber a boca seca, os pés inchados, a falta de lágrimas, urina concentrada de cor forte e tontura ao levantar-se rapidamente são sinais de que seu organismo está pedindo avidamente água. Os especialistas recomendam ingerir de 25 a 35 mililitros por quilo de peso diariamente. Isso se o indivíduo não tiver uma rotina de alta atividade física ou se alimentar com uma quantidade muito pequena de vegetais ricos em água, perfil que requer uma ingestão maior ainda. A desidratação produz inflamação generalizada, e essas duas condições juntas causam o desenvolvimento de inúmeras doenças crônicas, como alergias, asmas, hipertensão, diabetes, obesidades, dores diversas, depressão, doenças autoimunes, câncer, infarto do miocárdio e acidente vascular cerebral.

Outra dica boa: uma mudança de hábito simples pode lhe proporcionar a saúde que você nunca imaginou. Retirar das refeições a ingestão de líquidos, por exemplo, vai ajudar a perder peso e a melhorar a flora intestinal.

Por fim, compartilho com você um clássico da sabedoria popular que recomenda: tome café da manhã como um rei, almoce como um príncipe e jante como um mendigo. Sigo isso desde sempre e posso afirmar que faz muito bem.

A reprogramação do subconsciente

Todos os passos deste método que compartilho aqui são igualmente importantes e interdependentes. Porém, a reprogramação do subconsciente é o que vai efetivamente mudar a sua vida radicalmente e materializar exatamente o que você quer.

Para mim, esse é um ponto muito especial, pois executar todos os outros três passos sem considerar este vai impedir que as coisas mudem de fato na sua vida. De outro modo, não será possível sair da inércia e de uma vida sedentária para a sua melhor performance física. Ou mesmo abandonar o hábito de uma alimentação desregrada para uma dieta saudável, bem como introduzir na sua vida a prática diária da gratidão, se você ainda não o fazia.

Quando comecei a executar o meu método, a primeira mudança que promovi foi o hábito alimentar, mas eu estava sempre furando, saindo da dieta por um motivo ou por outro. Sempre me dando alguma desculpa, ou seja, me enganando o tempo todo.

A transformação só começou a funcionar de verdade quando ativei o meu poder mental através de exercícios de mentalização. Não adiantava eu dizer para a minha mente que queria reduzir cinco quilos se eu não fazia nada para eliminá-los. Percebi que a reprogramação que eu precisava trabalhar na minha mente era a da mudança das minhas crenças conscientes. Essas de, por exemplo, achar que furar a dieta no meio da semana porque fui ao aniversário de um parente ou amigo e abrir uma exceção não alteraria o meu metabolismo. Se você ingeriu calorias a mais do que devia, vai fatalmente engordar. O seu corpo é como um fole, uma sanfona. O que eu tinha que fazer era ativar o comando da disciplina na minha mente e, se não tivesse como evitar ir ao aniversário, não comer nada que pudesse quebrar a dieta. Isso é possível. É difícil, mas é possível. Então, quando você se conscientiza disso, fica mais fácil de alcançar suas metas.

A reprogramação do subconsciente consiste basicamente em exercícios de mentalização e na meditação diária, pelo menos duas vezes por dia.

Eu tenho a convicção de que o poder da mente é infinito e podemos conquistar tudo o que quisermos. No meu entender, somos deuses em evolução. Estamos na caminhada do aprendizado contínuo de como utilizar todo o poder armazenado em nossas mentes. No livro *O poder do subconsciente*, Joseph Murphy explica com simplicidade como funciona o mecanismo:

> *Os pensamentos conscientes, sejam automáticos disciplinados, positivos ou negativos, desejados ou temidos, dão as ordens ao subconsciente, que passa a cumpri-las através de quaisquer meios que estejam ao seu alcance. O subconsciente trabalha constantemente para transformar as esperanças e os desejos em realidade. E é possível ter um grande controle sobre esse processo ao monitorar os pensamentos, para melhor ou para pior.*[64]

[64] MURPHY, J. **O poder do subconsciente**. Rio de Janeiro: BestSeller, 2019.

Muito além de qualquer orientação científica, técnica, quero compartilhar com você que reservo, todos os dias, trinta minutos ao acordar e antes de dormir para fazer as duas coisas mais importantes para a realização dos meus sonhos e planos. Logo ao despertar, ainda antes de levantar da cama, faço a minha oração em forma de mantra. Um mantra de agradecimento. De olhos fechados e com o corpo todo relaxado, agradeço ao divino em detalhes. É isso mesmo! Procuro não esquecer de nada. Isso leva, normalmente, cinco minutos. Depois disso, inicio o exercício de mentalização, que consiste em repetir pelo menos cinquenta vezes, em forma de mantra, a frase ou sentença específica sobre a cura que desejo para mim naquele momento e/ou sonho que desejo materializar.

Em seguida, ainda na cama, sento-me com as pernas cruzadas, com o tronco ereto e encostado no espaldar. É quando faço o meu exercício de meditação, começando pela respiração profunda por cinco minutos. Então, já conectado comigo mesmo, permaneço em estado meditativo por quinze minutos. Só então me levanto para começar as minhas atividades. Esse ritual se repete a noite também, antes de dormir.

Normalmente, quarenta minutos antes de dormir desligo todos os equipamentos eletrônicos e começo a relaxar no meu quarto. Isso requer mudança de hábitos, disciplina, determinação e crença.

Eu tenho a convicção
de que o poder da mente
é infinito e podemos
conquistar tudo
o que quisermos.
No meu entender, somos
deuses em evolução.

Exercícios físicos diários

Atualmente, quando se fala de exercícios físicos, existe quase uma unanimidade no meio médico/científico sobre a necessidade do ser humano de se exercitar fisicamente. Até mesmo as pessoas com comorbidades são aconselhadas a praticar algum tipo de exercício, assim como os idosos. A ciência já concluiu que o corpo humano foi feito para se exercitar e que o exercício físico é essencial para a manutenção da saúde. Então, não se discute mais sobre isso.

Portanto, a melhor coisa que temos a fazer é incluir a prática de se exercitar diariamente para o resto da vida. Essa consciência é o primeiro passo para começarmos a transformação. Por exemplo, ao longo da minha vida, pratiquei musculação por diversas vezes. Entrei e saí de academias algumas vezes, por diversos motivos (desculpas esfarrapadas, enganação), mas há dez anos, aos 46, me conscientizei de que precisava voltar à academia e não sair mais, já que, a partir dessa faixa de idade, perdemos entre 1% e 2% de massa muscular por ano.[65] É muita coisa e, se você não fizer nada, vai chegar aos 70 anos praticamente sem músculos no corpo. A maioria das pessoas não se preocupa com isso, mas é dramático. As fraturas podem ser causadas pela deficiência de cálcio, ocasionada pela alimentação/nutrição inadequada ao longo da vida, mas a queda em si é provocada, muitas vezes, pela deficiência

---

[65] CONTE, J. Perda de músculos depois do 50 anos. **Drauzio Varella** [s. d.]. Disponível em: https://drauziovarella.uol.com.br/geriatria/perda-de-musculos-depois-dos-50-anos/. Acesso em: 14 mar. 2021.

muscular. Eis aqui um exemplo muito claro de problemas da terceira idade cuja causa foi a negligência de dois dos quatro passos do método da autocura. E negligência é sinônimo de zona de conforto. Então é de suma importância para qualquer ser humano, principalmente a partir dos 45 anos, a prática rotineira da musculação. Para isso, é crucial que você reprograme a sua mente para aceitar que isso vai ser para sempre. Dessa forma, em vez de cada dia ser penoso por se obrigar a fazer musculação, passará a ser prazeroso e você dormirá no dia anterior louco(a) para que chegue a hora de ir malhar. Para isso, pense sempre no lado bom, como as novas amizades que vai fazer na academia, as brincadeiras ou resenhas, expressão que nasceu no Nordeste brasileiro, as conversas. A disposição que você vai ter depois de uma hora de malhação, a saúde que vai ganhar e o corpão que vai adquirir com a nova atividade. Esses bons pensamentos vão lhe ajudar nessa transição até que a atividade física se torne uma rotina na sua nova vida.

A outra atividade física muito importante que precisamos desenvolver é a caminhada ou a corrida. Para quem nunca teve o hábito de correr, aconselho fazer caminhadas de pelo menos uma hora por dia. É claro que, se você não tem o hábito, pode começar com trinta minutos e ir aumentando paulatinamente até atingir uma hora de caminhada.

Quem já correu e por algum motivo deixou a atividade de lado, independentemente da idade, pode voltar a correr começando pelo trote até alcançar o seu melhor condicionamento. Particularmente, corro desde a minha adolescência e gosto muito de fazer isso na rua: a distração e o movimento me ajudam a passar o tempo. Costumo correr entre 5 e 8 quilômetros, três vezes por semana. Fico satisfeito e mantenho um bom condicionamento físico para aguentar as partidas de basquete duas vezes por semana.

Portanto, a minha rotina de atividade física inclui corrida de rua matinal às segundas, quartas e sextas, pela manhã, musculação às terças, quintas e sábados, também pela manhã, e o basquete na quarta-feira à noite e no domingo pela manhã.

Você deve estar se perguntando: "Não tem descanso?".

Assim eu determinei, assim eu faço há dez anos e amo. Estou consciente de que é o melhor para o meu corpo e para a minha saúde integral. Mas você não precisa fazer tudo isso e também pode escolher um dia da semana para descansar dos treinos físicos. Antes de começar tudo isso, é necessário fazer uma avaliação médica criteriosa e estar liberado para tais atividades.

Caso você consiga estabelecer uma dessas rotinas aliada ao novo hábito alimentar, depois de alguns meses, sugiro fazer acompanhamento de sua pressão arterial uma vez por semana.

Prática diária da gratidão

O quarto passo do método da autocura foi o último que incorporei. Hoje tenho a consciência do seu real poder, como comentei no início deste capítulo.

No universo, tudo é energia, frequência e vibração. A gratidão é das frequências mais altas: 900 hertz.[66]

Quanto mais você vibra nessa frequência, mais você vai atrair coisas fantásticas para o seu campo magnético e, como um passe de mágica, mudanças incríveis começam a se materializar na sua vida. Não estou dizendo isso apenas porque li nos livros, mas porque vivo isso. Sou testemunha viva dessa mudança incrível que o sentimento de gratidão é capaz de proporcionar a quem nele acredita e o pratica de coração.

Antes de começar a adotar o hábito de agradecer, a minha vida avançava em vários aspectos, mas, no financeiro, eu estava sempre patinando, e o dinheiro era escasso para mim. Era algo que tomava muito o meu tempo, atenção e consumia toda a energia boa que eu conseguia captar. Dinheiro para mim não é mais problema. Vibro na frequência da abundância.

E como entrar nessa energia da gratidão? A mudança, a meu ver, precisa começar pelas palavras que você usa. Sempre que precisar agradecer, use GRATIDÃO ao invés de OBRIGADO. Repetindo, substitua o OBRIGADO por GRATIDÃO. No início, é estranho, mas logo você se acostuma. Isso vai ajudar na reprogramação do seu subconsciente e, aos poucos, se tornar natural.

Depois, você precisa começar a agradecer (com a palavra gratidão) sempre que fizer algo por alguém. Por exemplo, alguém lhe pediu uma ajuda qualquer, tipo trocar o pneu de um carro que furou. Ao terminar o serviço

---

[66] CRISTINA, S. A gratidão vibra a mais de 900 hertz. **Gratidão transforma**, 2021. Disponível em: https://gratidaotransforma.wordpress.com/2018/11/08/a-gratidao-vibra-a-mais-de-900-hertz/. Acesso em: 14 mar. 2021.

diga: “Gratidão pela oportunidade de lhe ajudar a sair desta encrenca”. Ao solicitar um serviço de delivery pelo WhatsApp e pagar por meio de transferência bancária, quando enviar o comprovante, diga: gratidão!

Você pode até estar se perguntando: “Se estou pagando por um serviço, por que deveria agradecer?”. Lembre, aquela pessoa, ao levar uma refeição até você, o ajudou a se alimentar. Na medida em que as essas coisas vão acontecendo na sua vida e você não esquece de introduzir o elemento gratidão no contexto dos fatos, essa prática se incorpora aos seus hábitos rotineiros e você passa a fazer isso com prazer.

Por isso, todos os dias, antes de se deitar para dormir e ao acordar, execute o mantra da gratidão e, como eu disse, tente não se esquecer de nada. Agradeça pela oportunidade de acordar para viver mais um dia de sua vida, agradeça pela disposição para ir trabalhar, agradeça pela noite de sono tranquila, pelo sono restaurador, pelo ar que respira, pelo teto para se abrigar, pela cama confortável para repousar, enfim, seja detalhadamente grato. Tenho certeza de que sua vida vai mudar radicalmente se você conseguir transformar *a* prática da gratidão em algo espontâneo, sincero e rotineiro.

Enfim, esse é o método que utilizo há trinta e oito anos, desde que resolvi não adoecer mais. É claro que, quando comecei, ele não era tão completo assim. A experiência do dia a dia, os livros que li, as pesquisas que fiz, as conversas que tive com pessoas mais experientes, as palestras a que assisti foram, aos poucos, moldando essa filosofia de vida que se mostrou vitoriosa e eficaz.

Quanto mais você
vibra nessa frequência,
mais você vai atrair
coisas fantásticas para
o seu campo magnético e,
como um passe de mágica,
mudanças incríveis
começam a se materializar
na sua vida.

Por isso, posso afirmar que esse método desenvolvido com muito suor, determinação, disciplina e repetição foi aprovado por mim. Não porque testei e gostei, mas porque me transformei. Hoje sou muito melhor, em todos os aspectos, do que quando comecei. Não adoecer fisicamente e não perder um só dia de trabalho há quase quatro décadas não é o maior feito.

Para mim, o mais importante foi ter desenvolvido uma alta performance nos campos profissional, espiritual, emocional, social, intelectual e o principal: ter encontrado o meu propósito de vida, que é transformar outras vidas por meio dos livros e das palestras. Durante muito tempo, achei que para ajudar as pessoas era preciso ficar rico, muito rico, para então começar. Estava enganado. Existe uma forma menos onerosa e mais eficaz de colaborar com muito mais gente. Com livros e palestras, sim, é possível ajudar a fazer do mundo um lugar melhor. Vamos nessa juntos? Saia da sua zona de conforto, abra-se para o novo, seja dono(a) do seu destino e comece a transformar positivamente a vida das outras pessoas.

Capítulo 11

"Há três métodos para ganhar sabedoria: primeiro, por reflexão, que é o mais nobre; segundo, por imitação, que é o mais fácil; e terceiro, por experiência, que é o mais amargo."

Confúcio

Sabedoria

Na minha avaliação, o ápice de uma vida bem vivida teoricamente deveria ser a sabedoria, já que viver é acumular lições, ensinamentos, aprendizados e experiências. Não é possível que, depois de milênios de história, com tanta informação acumulada, em pleno século XXI, qualquer adolescente não saiba disso.

Mas, infelizmente, não é bem assim que acontece, pois as pessoas, na sua labuta diária pela sobrevivência, normalmente não param para refletir sobre essa questão! Quase ninguém está preocupado em entender o que, na verdade, veio fazer aqui. Qual o seu verdadeiro propósito nesta breve existência? Será que é transformar tudo numa corrida maluca? Primeiro em busca da sobrevivência. Quando a sobrevivência deixa de ser a prioridade porque já conseguimos uma certa estabilidade financeira, queremos constituir uma família, ter filhos, adquirir bens e, à medida que cada conquista se torna realidade, você sente a necessidade de buscar ainda mais, sempre mais.

São muitas responsabilidades e muitas pessoas dependendo de você, que já não consegue parar para pensar, refletir, raciocinar no que sua vida se transformou e para onde está seguindo.

Os seus filhos cresceram, estudaram em boas escolas e até se formaram em boas universidades. Talvez já tenha algum filho casado e já seja avô ou avó. Talvez tenha se aposentado e esteja curtindo essa nova fase da sua vida. Até essa altura, você acumulou muita experiência, mas não viu o tempo passar. Quando, em algum momento, conseguiu parar um pouco para observar com calma o que havia acontecido, percebeu que estava velho(a), com muitos problemas de saúde. Talvez já estivesse até portando uma bolsa repleta de remédios a tiracolo e, se ainda estivesse casado(a), nem conhecia mais direito a sua companheira(o) de tantas décadas.

Aí você se pergunta: e agora, o que vou fazer? Já não tenho mais o mesmo vigor da juventude. Não consigo fazer atividades físicas e raramente sinto vontade de fazer sexo. Não desenvolvi o hábito de ler nem de ver bons filmes. E agora?

Neste ponto, faço uma pequena pausa para mais uma citação do livro *Sapiens: uma breve história da humanidade*, que se encaixa perfeitamente ao raciocínio desenvolvido aqui:

> *A busca de uma vida mais fácil resultou em muitas dificuldades, e não pela última vez. Acontece conosco hoje. Quantos jovens universitários recém-formados aceitam empregos exigentes em empresas importantes,*

*O ápice de uma vida
bem vivida teoricamente
deveria ser a sabedoria,
já que viver é acumular
lições, ensinamentos,
aprendizados e experiência.*

prometendo que darão duro para ganhar dinheiro que lhes permitirá se aposentarem e irem atrás de seus verdadeiros interesses quando chegarem aos 35? Mas quando chegam a essa idade, eles têm grandes hipotecas para quitar, filhos para educar, casas em zonas residenciais que necessitam pelo menos de dois carros por família e uma sensação de que a vida não vale a pena sem um bom vinho e férias caras no exterior. O que se espera que façam, voltem a arrancar raízes? Não, eles redobram seus esforços e continuam se escravizando.

Uma das poucas leis férreas da história é que os luxos tendem a se tornar necessidade e a gerar novas obrigações. Uma vez que as pessoas se acostumam a um certo luxo, elas o dão como garantido... Acabam por chegar ao ponto em que não podem viver sem.

Na verdade, a vida passa tão rápido porque você nunca parou para observar, refletir, meditar e perceber que experiência sem contemplação é apenas experiência e nada mais. Quando você une a experiência com a observação, a contemplação diária das coisas, você começa a intuir com mais facilidade e a enxergar o que a maioria das pessoas não vê. Então começa a desenvolver a sabedoria.

Dessa forma, a vida passa mais lenta e você consegue apreciar e desfrutar melhor de todos os momentos. Você consegue construir e construir-se sabendo exatamente o que está fazendo e tendo a perspectiva de um futuro promissor. Quando falo em futuro promissor, não estou me referindo a dinheiro, fortuna, muitos bens e nem mesmo a uma carreira de sucesso. Tudo pode até acontecer, mas o que realmente vai somar para qualquer um de nós é o que e quanto aprendemos e o que e quanto desse aprendizado conseguimos repassar para o máximo de pessoas nessa vida.

O aprendizado e o conhecimento que conquistamos não deve ficar retido na nossa consciência, pois não adianta nos libertarmos se não conseguirmos libertar o nosso próximo. O libertar-se sozinho é um ato falho do ser humano. É voltar a ser regido pelo ego e isso, para mim, não é evolução. Não faz sentido, nem tem lógica.

Isso me faz lembrar de uma parábola muito interessante que se chama "A ilha dos sentimentos", de autor desconhecido, mas que nos traz uma grande lição, a qual transcrevo aqui para concluir este capítulo. Ela versa principalmente sobre uma longa caminhada que todos estamos percorrendo, sem data para terminar. Por isso mesmo, os atores principais passam a ser o amor e o tempo. O amor porque é o que viemos exercitar e o tempo porque pacientemente nos acompanha nesse aprendizado. Segue o texto:

> *Era uma vez uma ilha, onde moravam todos os sentimentos: a Alegria, a Tristeza, a Sabedoria e todos os outros sentimentos. Por fim, o Amor. Mas, um dia, foi avisado aos moradores que aquela ilha iria afundar. Todos os sentimentos apressaram-se para sair da ilha.*

Pegaram seus barcos e partiram. Mas o Amor ficou, pois queria ficar mais um pouco com a ilha, antes que ela afundasse. Quando, por fim, estava quase se afogando, o Amor começou a pedir ajuda. Nesse momento estava passando a Riqueza, em um lindo barco. O Amor disse:

— Riqueza, leve-me com você.

— Não posso. Há muito ouro e prata no meu barco. Não há lugar para você.

Ele pediu ajuda a Vaidade, que também vinha passando.

— Vaidade, por favor, me ajude.

— Não posso te ajudar, Amor, você está todo molhado e poderia estragar meu barco novo.

Então, o Amor pediu ajuda a Tristeza.

— Tristeza, leve-me com você.

— Ah! Amor, estou tão triste que prefiro ir sozinha.

Também passou a Alegria, mas ela estava tão alegre que nem ouviu o amor chamá-la.

Já desesperado, o Amor começou a chorar. Foi quando ouviu uma voz chamar:

— Vem, Amor, eu levo você!

Era um velhinho. O Amor ficou tão feliz que se esqueceu de perguntar o nome do velhinho. Chegando do outro lado da praia, ele perguntou à Sabedoria.

— Sabedoria, quem era aquele velhinho que me trouxe aqui?

*O aprendizado e
o conhecimento que
conquistamos não deve
ficar retido na nossa
consciência, pois não
adianta nos libertarmos se
não conseguirmos libertar
o nosso próximo.*

A Sabedoria respondeu:

— Era o TEMPO.

— O Tempo? Mas porque só o Tempo me trouxe?

— Porque só o Tempo é capaz de entender o AMOR.[67]

A sabedoria, assim como a intuição, se desenvolve com o tempo e com as experiências vividas. Que a nossa existência seja, assim, plena de amor, vontade, autocuidado, intuição e gratidão. Sejamos felizes, cada vez mais.

---

[67] CÂMARA, R. "Era uma vez uma ilha, onde moravam todos...". **Pensador**, 2005-2021. Disponível em: https://www.pensador.com/frase/NTIyNjM3/. Acesso em: 14 abr. 2021.

Conclusão

"E não vos conformeis com este mundo, mas transformai-vos pela renovação da vossa mente, para que experimenteis qual seja a boa, agradável e perfeita vontade de Deus."

(Romanos 12:2)

Por tratar de um tema bastante complexo e muitas vezes controverso, busquei manter o livro em uma sequência lógica, para facilitar o acompanhamento da evolução da ideia.

O meu objetivo é, a partir do coração, da intuição e da gratidão, alcançar uma vida realmente plena e feliz. Essa é a minha busca pessoal, que aqui compartilhei com você. Dentro dessa tríade, estão contidos a ética, a moral, a compaixão, a humildade, o respeito e o maior de todos: o amor. Atitudes e sentimentos que o homem precisa observar no aprendizado diário para alcançar esse objetivo maior tão repetido nas páginas deste livro, a expansão da consciência.

Fico muito feliz em poder compartilhar com o máximo de pessoas possível todo o conhecimento que tive a oportunidade de assimilar, compilar e fazer o meu juízo de valor. É claro que nem tudo o que é bom para mim vai ser igualmente bom para você. Mas é justamente por isso que o alerta para que, ao ler este livro, você reflita, faça o seu juízo de valor e, segundo o seu livre-arbítrio, decida se o que leu serve para você.

Há muito que cheguei à conclusão de que o livre-arbítrio é o nosso grande presente, o mesmo poder de Deus, que nos foi dado por ele para que utilizássemos ao nosso bel-prazer, ou seja, para o bem ou para o mal.

É notório que a humanidade desenvolveu o conhecimento científico e intelectual bem mais do que a compreensão moral e espiritual da raça. Esse desequilíbrio provocou um afastamento do homem de sua evolução espiritual, mudando um pouco o rumo e atrasando a viagem. O importante é que a rota pode ser corrigida e o rumo, reestabelecido.

Estamos vivenciando uma oportunidade incrível de alinhar e corrigir esse desequilíbrio entre o intelectual e o espiritual. E esse alinhamento só acontece se trabalharmos junto a saúde mental e a física, desenvolvendo a inteligência emocional. Nunca se falou tanto em autoconhecimento, ego, eu superior, eu cósmico, consciência cósmica, consciência divina, espiritualidade, física quântica, mecânica quântica, mundo quântico, frequência, vibração, frequência vibracional, gratidão e amor como agora. Se você for pesquisar essas palavras, vão aparecer milhares de sites, publicações, vídeos no YouTube e artigos em jornais e periódicos sobre esses assuntos. A velocidade da informação é gigantesca e o conhecimento humano já está dobrando todos os dias. Portanto, esse é o momento de você despertar para essa realidade e, de fato, transformar a sua vida. O conhecimento também permitiu ao homem entender como funciona a lei de todas as leis, que rege o universo, cujo princípio fundamental é: o positivo atrai o positivo e o negativo atrai o negativo. E quando concluímos que a sabedoria e a fé são caminhos que levam ao pleno conhecimento da verdade, ou seja, à suprema sabedoria, também entendemos que ambos são necessários no caminho a ser percorrido por cada alma. É evidente que alguns dos que já "entraram no caminho" têm desenvolvido mais as faculdades racionais e outros, mais o "coração", isto é, as faculdades sensitivas. Por isso, é natural que os primeiros façam mais progresso pelo Caminho do Saber (difundido pelo budismo) e os outros pelo Caminho da Fé (difundido pelo cristianismo). Apenas para deixar mais clara essa questão dos dois caminhos a serem percorridos por cada alma, faço aqui a citação de Francisco Valdomiro Lorenz:

> *O primeiro, também chamado o Caminho da Razão, observa o Universo objetivamente e descobre nele uma única Lei impessoal, que rege todos os acontecimentos, unindo-os numa harmoniosa Unidade. Ao budista, essa Lei de Carma, a Lei de Causalidade, ou Lei de Causa e Efeito, explica os mistérios da aparente injustiça moral, e a existência de uma Verdadeira Justiça Universal.*
>
> *Ao cristão, verdadeiro discípulo de Jesus Cristo, a Luz do segundo caminho, o da Fé ou Caminho do Coração, apresenta o Universo como um Ser Supremo, Deus Criador e Eterno Legislador.*
>
> *Mas, para o verdadeiro Sábio, não há diferença essencial entre esses dois métodos de Conhecimento. Ambos*

> *são apenas dois aspectos de uma mesma Coisa, como os Discípulos dos Mestres já o reconhecem.*[68]

Portanto, o homem, ao escolher o bem, produzirá muitas coisas boas, promoverá a construção de um mundo maravilhosamente edificante, de muita luz, trilhando o caminho da sabedoria. Tenho certeza de que essa vai ser a sua jornada também. Espero ter ajudado você neste trajeto.

Sejamos felizes. E cada vez mais conscientes e gratos.

---

[68] LORENZ, V. A verdadeira sabedoria. **O Pensamento**, mar-abr. 1997, p. 59-61.

*O homem,
ao escolher o bem,
produzirá muitas coisas
boas, promoverá a
construção de um mundo
maravilhosamente edificante,
de muita luz, trilhando o
caminho da sabedoria.*

Sejamos felizes.
E cada vez mais
conscientes e gratos.

Este livro foi impresso
em papel pólen 70g
pela gráfica Edições Loyola
em maio de 2021.